3.-7. Schuljahr

Waltraud Rasch

Grimms Märchen lesen, spielen, bearbeiten

Dornröschen, Rotkäppchen, Brüderchen & Schwesterchen, Frau Holle, Rapunzel, Der Teufel mit den drei goldenen Haaren

Lernen mit Erfolg
KOHL VERLAG

www.kohlverlag.de

Grimms Märchen

... lesen, spielen, bearbeiten

3. Auflage 2020

Inhalt: Waltraud Rasch
Fotos: Waltraud Rasch
Redaktion: Kohl-Verlag
Grafik & Satz: Eva-Maria Noack & Kohl-Verlag
Druck: Druckhaus DOC GmbH, Kerpen

Bestell-Nr. 12 022

ISBN: 978-3-96040-172-8

Der vorliegende Band ist eine Print-Einzellizenz

Sie wollen unsere Kopiervorlagen auch digital nutzen? Kein Problem – fast das gesamte KOHL-Sortiment ist auch sofort als PDF-Download erhältlich! Wir haben verschiedene Lizenzmodelle zur Auswahl:

	Print-Version	PDF-Einzellizenz	PDF-Schullizenz	Kombipaket Print & PDF-Einzellizenz	Kombipaket Print & PDF-Schullizenz
Unbefristete Nutzung der Materialien	x	x	x	x	x
Vervielfältigung, Weitergabe und Einsatz der Materialien im eigenen Unterricht	x	x	x	x	x
Nutzung der Materialien durch alle Lehrkräfte des Kollegiums an der lizensierten Schule			x		x
Einstellen des Materials im Intranet oder Schulserver der Institution			x		x

Die erweiterten Lizenzmodelle zu diesem Titel sind jederzeit im Online-Shop unter www.kohlverlag.de erhältlich.

Inhalt

Vorwort

Liebe Kolleginnen und Kollegen, liebe Märchenfreunde,

mit diesem Buch möchte ich dazu anregen, sich dem reichen Schatz der Grimmschen Märchenwelt zu öffnen, seine Vielfalt an die junge Generation weiterzugeben und sie auf emotionale Weise für die Arbeit am Projekt Märchen zu begeistern.

Mit meiner Erfahrung als Deutschlehrerin sowie meiner zwanzigjährigen Tätigkeit als Leiterin von Laienspielgruppen habe ich sämtliche Märchen den Bedürfnissen der Spieler angepasst. Kleine Abweichungen gegenüber dem Original dienen der Auflockerung und tragen zur Spielfreude bei. Alle wurden mehrfach aufgeführt und sind somit bühnenerprobt.

Sein praktischer Nutzen erweist sich durch die vielseitige Verwendungsmöglichkeit für den Deutschunterricht in den Klassenstufen drei bis sieben sowie im Freizeitbereich.

Die sechs Märchenspiele sind in einfacher Sprache, anschaulich, heiter und berührend zugleich geschrieben, sodass das Leseinteresse bereits bei der ersten Begegnung geweckt werden kann. Da sie in drei Niveaustufen vorliegen und die Aufgaben der Arbeitsblätter für die Hand der Schüler unterschiedliche Schwierigkeitsgrade aufweisen, kann der Lehrer* differenziert arbeiten.

Mit wenig Mühe und etwas Überlegung können Spielszenen gekürzt oder anderweitig verändert werden, dass Schüler aller Schularten erreicht werden können.

Die kindliche Neugier wird so genutzt, dass die Schüler auf aktive Weise nicht nur Wissen über die Märchenelemente erwerben, sondern auch ihre Fähigkeiten in den folgenden Lernbereichen verbessern können: Lesen, Schreiben, Sprechen, Darstellen und Texte untersuchen. Die Aufgaben der Arbeitsblätter berücksichtigen die Erfahrungswelt der Schüler und ermöglichen ein handlungs- und situationsbezogenes Arbeiten am literarischen Märchentext.

Es kostet zwar viel Zeit und Kraft, bis eine Aufführung bühnenreif ist, doch durch gute Organisation und Teamarbeit kann das Vorhaben gelingen. So ermöglichen zum Beispiel die Lieder, die Erläuterungen zum Bühnenbild und zu den Kostümen den fachübergreifenden Unterricht. Aber die Mühe lohnt sich, denn das Publikum bedankt sich mit viel Applaus, und die Schauspieler erfreuen durch Fleiß und Freude beim Proben und den Aufführungen.

In diesem Sinne wünsche ich viel Vergnügen bei der praktischen Umsetzung und nicht zuletzt ein herzliches Toi Toi Toi!

Waltraud Rasch

**Aufgrund der besseren Lesbarkeit wird im Folgenden die männliche Form Lehrer bzw. Schüler verwendet. Gemeint sind damit selbstverständlich auch die weiblichen Personen.*

Bedeutung der Symbole:

EA **Einzelarbeit**

PA **Partnerarbeit**

Schreibe ins Heft/ in deinen Ordner

GA **Arbeiten mit der ganzen Gruppe**

GA **Arbeiten in kleinen Gruppen**

Lehrerinfo

Dornröschen – Märchenspiel frei nach Brüder Grimm

Handlung

Am ersten Geburtstag der schönen Königstocher Dornröschen soll fröhlich gefeiert werden. Viele edle Herrschaften sowie sechs holde Feen erweisen der kleinen Prinzessin die Ehre. Doch plötzlich erscheint ein ungebetener Gast, die siebte Fee. Nicht eingeladen und deshalb beleidigt und voller Zorn, verflucht sie das Königshaus und wünscht dem Dornröschen den Tod durch eine Spindel. Am fünfzehnten Geburtstag des Mädchens sollte sich der Fluch erfüllen. Mit einer List und als altes Mütterchen verkleidet verführt die böse Fee die Königstochter zum Spinnen. Dabei sticht sie sich in den Finger, stirbt aber nicht, sondern dank der sechsten holden Fee verfällt sie in einen hundertjährigen Tiefschlaf. In dieser Zeit wächst eine riesengroße Hecke um das Schloss.
Am Ende erscheint ein edler Prinz. Er durchbricht die Hecke und befreit Dornröschen durch einen erlösenden Kuss. Nun kann fröhlich Hochzeit gefeiert werden.

Figuren: 21 Schauspieler und 1 Märchentante als Erzähler

Dornröschen	– D
Prinz	– Pr
König	– K
Königin	– Kg
Zofe Minna	– Z
6 gute Feen	– 1. bis 6. Fee
7. (böse) Fee	– 7. Fee
Alte am Spinnrad	– A
Kätzchen (Erzähler)	– Kä
„lebende" Hecke (6 Kinder)	– H
Ausrufer	– Au
Märchentante	– M

Allgemeines zu den Requisiten und Kostümen

Größere Requisiten wie Brunnen, Häuschen, Rapunzelturm usw. wurden von den Eltern der Schauspieler und dem Schulhausmeister angefertigt. Die meisten Kostüme wurden für eine geringe Gebühr im Theaterfundus ausgeliehen. Vereine wie z. B. der Demokratische Frauenbund stellten die Kostüme sogar kostenlos zur Verfügung. Einzelne Kostüme (wie z. B. Igel- und Mäusekappen, Zwergenzipfelmützen oder Zwergenhosenträger) haben Eltern genäht und gebastelt. Auch im Zeichenunterricht wurde gemalt und gebastelt. Alle finanziellen Ausgaben konnten durch die Spendeneinnahmen am Ende jeder Aufführung beglichen werden. Da jedes Stück mehrfach aufgeführt wurde, blieb noch Geld zur Belohnung der Schauspieler übrig.

Bühnenbildvorschläge zu „Dornröschen"

Hintergrund für alle Szenen
Märchenkulisse aus Tannenbäumen, die mit vielen rosa Papierrosen bestückt ist, dazwischen ein auf Pappe gemaltes Königsschloss, befestigt an einem höhenverstellbaren Kartenständer

Vordergrund
Requisiten 1. bis 3. Szene: Thron (hoher Lehnstuhl, bezogen mit purpurrotem Stoff, oben eine gelbe Krone), Klingel, Festtafel mit 6 Stühlen, Vase, 6 mit Silberfolie bezogene Pappteller, 1 mit Silberfolie bezogener Porzellanteller, Babykörbchen oder Wiege (geschmückt mit Papierrosen aus rosa Krepppapier)
Requisiten 4. Szene: Spinnrad, Bauernstuhl, Schafwolle, Wollstrumpf, kleiner Ball

KOHL VERLAG GRIMMS MÄRCHEN ... lesen, spielen, bearbeiten – Bestell-Nr. 12 022

Erste Szene

M

Hochverehrtes Publikum! Als Märchentante heiße ich euch herzlich willkommen und lade ein ins Märchenland der Brüder Grimm. Mit großer Freude kann ich verkünden, dass wir heute hochherrschaftlichen Besuch bekommen haben.
Seine Majestät Richard der Dritte und seine Gemahlin Charlotte erweisen uns die Ehre. Dafür spenden wir ihnen einen kräftigen Applaus. Beide haben ihr liebliches Töchterchen Dornröschen mitgebracht und möchten hier in diesem wunderschönen Saal den ersten Geburtstag der Königstochter feiern. Und wir alle sind als Gäste herzlich eingeladen. Jetzt geht es aber erst einmal um die Vorbereitung der Feier. Bühne frei für das Hofkätzchen!

Kä

Guten Tag! Ich bin das Hofkätzchen, schleiche den ganzen Tag im Schloss herum und beobachte, was dort alles so passiert. Ich bin schon ganz aufgeregt, denn Dornröschens erster Geburtstag soll ganz groß gefeiert werden. Miau, mio, das macht mich froh.

(Königspaar sitzt auf dem Thron, Königin hält das kleine Dornröschen auf dem Arm.)

Kg

Ach, mein lieber Gemahl, wie bin ich glücklich *(schwärmt)*, dass wir so ein schönes Kind haben. Schau nur, hat unser Töchterchen nicht wunderschöne blaue Augen? Und hat es nicht ein entzückendes kleines Mündchen? Ach, wie werden die Gäste unser Prinzesschen bewundern!

K

Ganz recht, meine Liebe. Doch bei aller Schwärmerei solltet Ihr die Vorbereitungen zum Fest nicht vergessen – Sind auch alle hohen Herrschaften eingeladen?

Kg

Aber natürlich.

K

Und habt Ihr auch die sieben Feen nicht vergessen?

Kg
Seid unbesorgt, hier sind die Einladungen.

K
Liebste Gemahlin, bei der siebten Fee habe ich große Bedenken. Sie ist mir äußerst unsympathisch. Außerdem: Die Sieben ist eine Unglückszahl, wir sollten die siebente Fee nicht einladen.

Kg
Aber Majestät, das können wir nicht tun. *(vorwurfsvoll)*
Solch eine Kränkung würde uns die Dame nicht verzeihen. Außerdem: Was seid Ihr abergläubisch?

K
Nun gut, Ihr habt mich überzeugt, jetzt muss ich mich erstmal erholen.
(K geht)

Kg
Und ich werde jetzt Minna rufen. *(klingelt)*

Z
Zu Diensten Frau Königin. *(kommt, knickst)*

Kg
Minna, ich muss dich tadeln, du hast die silbernen Teller für die holden Feen nicht richtig geputzt. Du musst sie gleich noch einmal nachpolieren.

(Minna holt Teller von Festtafel, poliert und reicht sie der Königin, die sie kritisch begutachtet)

Minna, du musst dir mehr Mühe geben. Hier ist ein Fleck, dort ist ein Kratzer.

(Z poliert und wird nervös)

Der siebte Teller gefällt mir gar nicht. Der muss besonders glänzen. Die siebte Fee ist sehr eitel, sie muss sich darin spiegeln können.

Z
Sehr wohl Frau Königin.

(Beim Polieren fällt ihr der Teller aus der Hand und zerbricht.)

Kg
Minna, du Tölpel, du Ungeschickte! *(erbost)*

Z *(schluchzend)*
Verzeiht Frau Königin, ich hab`s doch nicht mit Absicht getan.

(König kommt herein)

K
Was ist gescheh`n? Warum so ein Geschrei?

Kg
Es ist etwas Schreckliches passiert. Minna hat den siebten Teller herunterfallen lassen.

KOHL VERLAG GRIMMS MÄRCHEN ... lesen, spielen, bearbeiten – Bestell-Nr. 12 022

K
Minna, hör` auf zu weinen, du hast keine Schuld.

(vorwurfsvoll zur Kg)

Hab` ich`s Euch nicht gesagt? Die Sieben ist eine Unglückszahl. Das war ein Wink des Schicksals! Die siebente Fee wird nicht eingeladen. Basta!

Kä
Miau, miau, das ist nicht schlau. Die siebte Fee, sie wird sich rächen und einen bösen Fluch aussprechen.

(Minna nimmt das Baby, legt es ins Körbchen und entfernt sich, K, Kg und Kä bleiben auf der Bühne.)

Zweite Szene

M
Die Warnung des Kätzchens war schnell vergessen, Dornröschens Geburtstag nahte herbei.

K *(zum Publikum)*
Hochverehrte Gäste, seid willkommen und lasst uns Dornröschens Geburtstag fröhlich feiern. Mit großer Freude begrüßen wir nun die sechs guten Feen. Sie sind unsere Ehrengäste und sollen von silbernen Tellern speisen.

(Feen 1 bis 6 kommen hintereinander in zarten pastellfarbenen langen Kleidern singend herein. Auf dem Kopf tragen sie einen Rosenkranz. Die sechste Fee hält einen Blumenstrauß in der Hand. Feen 1 bis 6 singen ein Geburtstagslied zur Melodie von „Happy Birthday")

F 1–6
Zum Geburtstag viel Glück, zum Geburtstag viel Glück, zum Geburtstag Königstochter, zum Geburtstag viel Glück.

(Feen umsäumen den Thron, zum Publikum blickend, singen nach der Melodie von „Und weil du heut Geburtstag hast")

1. Strophe: **(Fee 1+2)**
Der König rief zu einem Fest, da stellen wir uns ein. Wir machen einen tiefen Knicks, recht fein, recht fein, recht fein.
(knicksen bei „fein")

2. Strophe: **(Fee 3+4)**
Dornröschen hat Geburtstag heut`, wir sind die holden Feen und sprechen gute Wünsche aus, die in Erfüllung gehn.

3. Strophe: **(Fee 5+6)**
Beim König und der Königin bedanken wir uns sehr. Mit einem bunten Blumenstrauß, das freut Euch sicher sehr.

(Sechste Fee knickst vor Kg und überreicht ihr den Strauß. Minna kommt herbei, stellt ihn in die Vase auf der Festtafel.)

Kg
Edle Frauen, zum Dank sollt ihr an der Festtafel einen Ehrenplatz bekommen.

1. Fee
Danke Majestät, doch zuerst wollen wir dem Geburtstagskind kostbare Geschenke bringen und gute Wünsche prophezeien.

(Feen gehen einzeln zum Babykörbchen)

1. Fee
Ich bin die erste gute Fee und schenke Dornröschen eine Haarspange.
(nimmt die Spange aus dem Haar, zeigt sie den Zuschauern und spricht)

Alle Menschen sind erfreut, dass du hast Geburtstag heut`. Auf dem nächsten Wegestück wünsch` ich dir einen Zentner Glück.
(legt Spange auf den Gabentisch und setzt sich an die Festtafel)

2. Fee
Ich wünsch` dazu viel Freundlichkeit, Grips im Kopf und Fröhlichkeit. Ich bin die zweite gute Fee und schenke Dornröschen eine goldene Kette.
(hält Kette hoch, legt sie auf den Gabentisch und setzt sich an die Festtafel)

3. Fee
Ich bin die dritte gute Fee und schenke der Königstocher eine kostbare Brosche.
(zeigt Brosche in die Höhe und spricht)
Ich wünsche dir von Herzensgrund: Sei immer fröhlich und gesund.
(legt Brosche auf den Gabentisch und setzt sich ebenfalls an die Festtafel)

4. Fee
Ich bin die vierte gute Fee und schenke dem Prinzesschen einen goldenen Ring.
(streift Ring vom Finger, hält ihn hoch und spricht)
Wo man singt, da lass` dich nieder, böse Menschen haben keine Lieder.
(legt Ring auf Gabentisch und setzt sich an die Festtafel)

5. Fee
Heiter geh` an jedem Morgen über dir die Sonne auf, ende glücklich ohne Sorgen deinen frohen Lebenslauf. Ich bin die fünfte gute Fee und schenke der Königstochter ein goldenes Armband.
(streift Armband ab, hält es in die Höhe und setzt sich ebenfalls an die Festtafel)

6. Fee
Ich bin die sechste gute Fee ... *(wird in ihrer Rede unterbrochen)*

7. Fee
Und ich bin die siebente, die böse Fee!

(kommt stolz und forsch herein, alle reagieren erschrocken)

Guten Tag meine Herrschaften, hat mein Anblick euch die Sprache verschlagen? Und warum werd` ich freundlich nicht empfangen?

(geht zur Festtafel und zählt die Plätze)

Eins-zwei-drei-vier-fünf-sechs-Wo ist mein Platz? Wo ist mein Teller? Mir scheint, ich bin hier nicht erwünscht und deshalb auch nicht eingeladen.

KOHL VERLAG GRIMMS MÄRCHEN ... lesen, spielen, bearbeiten – Bestell-Nr. 12 022

(geht zum Thron und spricht mit vorwurfsvoller Stimme)

Majestät! Welch eine Beleidigung! An vielen Königshäusern bin ich gewesen, und stets hat man mich mit Hochachtung empfangen. Ihr aber habt mich gekränkt, und dafür werde ich mich rächen. Verflucht sei dieses Königshaus!

(geht stolz weg, dreht sich dann nochmal um und spricht zynisch weiter)

Doch halt, Dornröschen hat Geburtstag heut` und ohne ein Geschenk will ich nicht gehen. Ich weiß, was sich gehört.

(geht zum Babykörbchen und spricht)

Dornröschen, ich bin die böse Fee und schenke dir eine Spindel.

(zeigt sie hoch)

Daran sollst du dich an deinem 15. Geburtstag stechen und tot umfallen.

(geht stolz hinaus)

(alle sind erschrocken, Kg fällt in Ohnmacht, Minna fächert ihr Luft zu)

6. Fee
Verehrter Herr König, wehrte Gäste, beruhigt euch. Ich bin die sechste gute Fee und habe noch einen Wunsch frei. Den werde ich erst aussprechen, wenn die Königstochter in Gefahr ist.

K
Danke gute Fee, wir lassen uns die Feier nicht verderben.

Dritte Szene

M
Zum Schutze Dornröschens schickte der König seine Ausrufer ins Land.

Au

(mit Klingel und Papierrolle)

Bürger des Landes! Kommt herbei und spitzt die Ohren! Es handelt sich um eine äußerst wichtige Angelegenheit. Der König höchst persönlich hat mich beauftragt, folgenden Befehl zu verlesen: So hört!

(entrollt das königliche Schriftstück und liest ab)

Bis morgen Mittag zwölf Uhr müssen alle Spinnräder und Spindeln auf den Marktplatz gebracht werden. Dort werden sie öffentlich verbrannt. Das geschieht zur Sicherheit der Königstocher. Wer sich widersetzt, wird eingekerkert. Seine Majestät, der König.

(Au entfernt sich klingelnd)

(Bühnenumbau: Thron und Babykörbchen werden weggeräumt, Spinnrad und Holzstuhl werden bereitgestellt)

Vierte Szene

Kä
Fünfzehn Jahre sind vergangen. Dornröschen ist zu einem wunderschönen Mädchen heran gewachsen, und heute soll wieder Geburtstag gefeiert werden. Miau, moi, das macht mich froh.

(Dornröschen betritt die Bühne und spricht)

D
Guten Tag liebes Kätzchen, du bist ja schon so früh auf den Beinen.

Kä
Liebes Dornröschen, ich möchte die erste sein, die dir zum Geburtstag gratuliert. Und diesen goldenen Ball möchte ich dir schenken.

Kä *(übergibt Ball)*

D
Danke, das ist aber lieb von dir. Komm, da spielen wir gleich ein bisschen. Fang` auf!

*(werfen einander den Ball zu, dann erklingt aus der Ferne eine schöne Melodie.
Die Alte sitzt am Spinnrad, spinnt und singt)*

A
Dreh dich, dreh dich Rädchen, spinne mir ein Fädchen. Viele, viele Meter lang.

D
Horch` Kätzchen, was ist das für eine schöne Melodie? Da will ich doch gleich mal nachschau`n.

KOHL VERLAG GRIMMS MÄRCHEN ... lesen, spielen, bearbeiten – Bestell-Nr. 12 022

Kä
Nein, nein, lass sein, miau, miau, böse Frau. *(warnt)*

D
Aber Kätzchen, was hast du nur? Das ist keine böse Frau. Da sitzt ein altes Mütterchen bei der Arbeit.

A *(lockt)*
Komm rein, liebe Königstocher und zögere nicht mehr.

Kä
Lass` sein lieb Königstocher, ich bitt` dich gar sehr.

D
Kätzchen, geh` Mäuse fangen, und stör` mich nicht mehr.

A *(leise)*
Hau ab, du altes Katzenvieh!

D
Guten Tag Mütterchen, darf ich Euch ein wenig bei der Arbeit zuschauen?

A
Aber natürlich, komm` nur näher.

D
Gute Frau, was ist das für ein komisches Ding da?

A
Das ist ein Spinnrad. Damit kann man aus Schafwolle ganz lange Fäden spinnen. Und daraus kann man dann solche schönen Socken stricken.

(hält ein Paar Socken hoch)

D
Das ist ja interessant. So ein Spinnrad hätt` ich mir zum Geburtstag wünschen sollen.

A
Ach, du hast Geburtstag heut`. Da gratulier` ich dir auch recht herzlich. Schade, mein Spinnrad kann ich dir leider nicht schenken. Es ist das letzte, was ich gerettet habe. Alle anderen hat dein Vater verbrennen lassen. Das war nicht gut.

D
Wisst Ihr was, ich werde meinen Vater bitten, dass er wieder Spinnräder bauen lässt.

A
Das ist eine gute Idee. Doch was nützt ein Spinnrad, wenn keiner mehr spinnen kann?

D
Da habt Ihr recht gute Frau, darf ich es bei Euch lernen?“

A
Aber natürlich, sehr gerne. Pass` nur auf, ich zeig` es dir.

(spinnt singend)

Spinn` spinn`, liebe Königstocher und zög`re nicht mehr. Spinn` spinn` liebe Königstocher, es ist gar nicht schwer. So, nun versuch` es auch einmal!

D
Danke liebes Mütterchen, ich kann es kaum erwarten.

(setzt sich ans Spinnrad und spinnt singend)

Dreh` dich, dreh` dich Rädchen, spinne mir ein Fädchen. Viele, viele Meter lang.

A
Wunderbar, das war doch schon ganz gut. Nun probier` es noch einmal!

D *(spinnt singend)*
Dreh` dich, dreh` dich Rädchen, spinne mir ein Fädchen. Viele, viele ... Au! *(weinerlich)* Jetzt habe ich mich in den Finger gestochen. Oh weh, mir wird ganz übel. Gute Frau, so helft mir doch, lasst mich nicht verbluten!

A
Ha, ich bin keine gute Frau, ich bin die böse Fee und lasse dich sterben.“

(6. Fee kommt herbei und spricht zur Alten)

6. Fee
Falsches Weib, bleib` uns gestohlen, soll dich doch der Teufel holen! Soll dich in die Hölle schicken, lass` dich hier nie wieder blicken!

(verjagt die Alte und wendet sich an D)

Dornröschen, ich bin die sechste gute Fee und lasse dich nicht sterben.

(hebt beschwörend die Hände über D)

Kummer sei lahm, Sorge sei blind, schlaf` ruhig ein, mein liebes Kind!

(singt)

Dornröschen schlafe hundert Jahr, hundert Jahr, hundert Jahr, Dornröschen schlafe hundert Jahr und alle mit.

(während sie singt erscheint die lebende Hecke)

KOHL VERLAG GRIMMS MÄRCHEN ... lesen, spielen, bearbeiten – Bestell-Nr. 12 022

H *(singend)*
Da schliefen alle tief und fest, tief und fest, tief und fest. Da schliefen alle tief und fest, hundert Jahre lang. Da wuchs die Hecke riesengroß, riesengroß, riesengroß. Da wuchs die Hecke riesengroß, zum Himmel hoch hinauf.

(Arme hoch!)

Sie wuchs um`s ganze Schloss herum, Schloss herum, Schloss herum.

*(laufen um **D** herum)*

Sie wuchs um`s ganze Schloss herum, es führt kein Weg hinein. Da kamen viele Freier her, Freier her, Freier her. Da kamen viele Freier her, nach Haus` kehrt keiner mehr. Da kam ein junger Königssohn, Königssohn, Königssohn. Da kam ein junger Königssohn, verliebt und kampfbereit.

Pr *(schaut sich suchend um)*
Nanu, hier ist auch kein Schloss. Da hab` ich mich wohl in der Richtung geirrt und werde umkehren.

6. Fee
Nein, nein, bleibt hier! Ihr seid richtig. Um das Schloss ist eine große Hecke gewachsen. Wollt Ihr etwa Dornröschen befreien?

Pr
Ja, das will ich, ich bin fest entschlossen und scheue keine Mühe.

6. Fee
Solche Worte hör` ich gern. Edler Herr, ihr habt großes Glück, denn der hundertjährige Schlaf geht gerade zu Ende. Und Ihr könnt die Königstocher aus dem Tiefschlaf befrei`n. Ich bin die gute Fee und will euch dabei helfen.

Pr
Vielen Dank holde Frau, sagt an, was muss ich tun?

6. Fee
Zuerst müsst Ihr vor allen Dingen die Dornenhecke dort bezwingen.

Pr
Kein Problem. Mit diesem Dolch werd` ich das schon schaffen.

(entzweit die Hecke und spricht beschwörend)

Dornenhecke öffne dich, mache frei den Weg für mich, zieh` die spitzen Dornen ein, lass` mich in das Schloss hinein!

(Hecke öffnet sich, Prinz staunt)

Tatsächlich! Ich kann das Schloss und das Mädchen seh`n. Donnerwetter, ist das eine schöne Jungfrau!

(betrachtet sie und spricht)

Nun wach` auf und mach` die Augen auf!

6. Fee
Sachte, sachte, nicht so stürmisch junger Mann. Soll Euch das Werk zum zweiten Mal gelingen, müsst Ihr erst ein Liedchen singen.

Pr
(singt nach der Melodie "Dornröschen war ein schönes Kind")

Dornröschen wache wieder auf, wieder auf, wieder auf.
Dornröschen wache wieder auf, wieder auf.

(wartet einen Moment und spricht weiter)

Aber sie schläft ja immer noch. Hab` ich etwa zu leise gesungen?

6. Fee
Nein nein, das war schon gut. Edler Prinz, nun gebt zum Schluss Dornröschen einen Kuss!

Pr
Aber mit dem größten Vergnügen, so ein schönes Mädchen muss man doch einfach küssen.

(küsst sie, D öffnet die Augen, Prinz staunt)

Mein Gott, die ist ja noch viel schöner, als ich sie mir vorgestellt habe.

D
Wo bin ich? Wer seid Ihr? Ich muss ja lange geschlafen haben und träumte von einem wunderschönen Prinzen.

Pr
Dornröschen, der Prinz bin ich. Ich habe dich wachgeküsst und möchte dich heiraten.

D
Edler Herr, wie alt seid Ihr?

Pr
Zwanzig Jahre, Dornröschen.

D
Und wie alt bin ich?

KOHL VERLAG GRIMMS MÄRCHEN ... lesen, spielen, bearbeiten – Bestell-Nr. 12 022

Pr *(überlegt)*
Hm, fünfzehn warst du, als du eingeschlafen bist, hundert Jahre hast du geschlafen, also müsstest du einhundertfünfzehn Jahre alt sein.

D *(lachend)*
Edler Prinz, da könnte ich ja Eure Ur-, Ur-Urgroßmutter sein. Wollt Ihr mich trotzdem heiraten?

Pr
Aber natürlich, denn wenn ich dich so anschaue, hast du dich für dein Alter recht gut gehalten. Willst du meine Gemahlin werden?

D
Sehr gern, ich bin überglücklich.

Pr
Ich auch, und bald wird Hochzeit gefeiert.

(Alle Darsteller kommen auf die Bühne und singen nach der Melodie von „Dornröschen war ein schönes Kind")

Alle
Bald feiern wir ein schönes Fest, schönes Fest, schönes Fest. Bald feiern wir ein schönes Fest, ein Hochzeitsfest!"

1 Dornröschen

EA

Aufgabe 1: *Lies den folgenden Liedtext.*

Dornröschen war ein schönes Kind, schönes Kind, schönes Kind. Dornröschen war ein schönes Kind, ein Königskind. Da kam die gute Fee herein, Fee herein, Fee herein. Da kam die gute Fee herein, Fee herein und sprach: „Dornröschen schlafe hundert Jahr, hundert Jahr, hundert Jahr. Dornröschen schlafe hundert Jahr und alle mit.“ Da kam ein junger Königssohn, Königssohn, Königssohn. Da kam ein junger Königssohn, und alles wurde gut.

EA

Aufgabe 2: *Im Liedtext hat sich ein Fehler eingeschlichen. Finde und berichtige ihn.*

____

Aufgabe 3: *Singt nun das Lied nach der bekannten Melodie.*

Aufgabe 4: *Welche wichtigen Stationen des Märcheninhaltes fehlen in diesem Liedtext?*

____

____

Aufgabe 5: *Folgende Figuren brauchen wir für das Märchenspiel:*

Dornröschen, König, Königin, Zofe Minna, Kätzchen, 6 gute Feen, die 7. böse Fee, die Alte am Spinnrad, Prinz, lebende Hecke, Ausrufer, Märchentante

Vergleiche sie mit den Personen im Märchenbuch.

____

____

____

Aufgabe 6: *Wähle eine Figur aus, deren Rolle du gerne sprechen oder spielen möchtest. Begründe deine Wahl.*

Figur ____________________ , weil ______________________________

____

____

KOHL VERLAG GRIMMS MÄRCHEN ... lesen, spielen, bearbeiten – Bestell-Nr. 12 022

Aufgaben für die Mädchen:

EA **Aufgabe 7:** *Achte in der zweiten Szene auf die Geburtstagsgeschenke der Feen. Trage die Geschenke in die Tabelle ein. Was macht die 7. Fee?*

Feen	Geschenke

EA **Aufgabe 8:** *Lies die Sprüche mit den Wünschen der Feen auf den Seiten 9 und 10. Wähle einen Spruch, der dir besonders gut gefällt und lerne ihn auswendig.*

EA **Aufgabe 9:** *Die Rache der bösen Fee erkennt man auf Seite 10 sehr deutlich. Schreibe ihren Fluch wörtlich heraus.*

EA **Aufgabe 10:** *Überlege dir die Kleidung der sechs guten Feen. Sie treten zwar in der Gruppe auf, wollen aber auch einzeln gut auffallen. Mache Vorschläge und trage sie in die Tabelle ein.*

Kleidung	für alle 6 guten Feen	für jede einzelne gute Fee
Kopfbedeckung		
Kleid		
Strümpfe		
Schuhe		

EA **Aufgabe 11:** *Zeichne dich, wie du als gute Fee aussehen möchtest.*

EA **Aufgabe 12:** *Beschreibe die Kleidung der bösen Fee.*

1 Dornröschen

Aufgaben für die Jungen:

EA

Aufgabe 13: *Übe das Heckenlied nach der Melodie „Dornröschen war ein schönes Kind“ in folgender Weise:*
Strophe 1 und 6 singen alle, Strophe 2 bis 5 singen Freiwillige.

Aufgabe 14: *Beschreibe, wie du dir eine lebende Hecke vorstellst!*

____

Aufgaben für alle :

EA

Aufgabe 15: *Stell dir vor: Du möchtest bei einer Märchenaufführung deine Rolle sehr gut spielen. Viele Zuschauer sind gekommen. Oma und Opa sitzen in der letzten Reihe. Sie wollen dich gut sehen, gut hören und sich über deine Schauspielkünste freuen. Was müsstest du beachten, damit auch die Zuschauer in der letzten Reihe alles gut hören und verstehen können und sich nicht langweilen?*

____

____

EA

Aufgabe 16: *Das Märchenspiel „Dornröschen“ besteht aus vier Szenen. Lest es mit verteilten Rollen und findet zu jeder Szene eine passende Überschrift.*

Szene 1: _______________________________________

Szene 2: _______________________________________

Szene 3: _______________________________________

Szene 4: _______________________________________

EA

Aufgabe 17: *Fülle die folgende Tabelle aus.*

Die Geburtstagsfeier		
Gastgeber	**geladene Gäste**	**ungeladener Gast**

EA

Aufgabe 18: *Achte beim Lesen der 1. Szene auf das Kätzchen und die Märchentante. Welche Aufgabe haben die beiden Figuren?*

Kätzchen: _______________________________________

Märchentante: ___________________________________

Lehrerinfo

Rotkäppchen – Märchenspiel frei nach Brüder Grimm

Handlung

Rotkäppchen, das kleine Mädchen mit dem roten Käppchen, lebt mit seiner verwitweten Mutter in einem Dorf am Waldesrand.
Eines Tages bringt der Holzfäller Franz die Nachricht von der kranken Großmutter. Da macht sich Rotkäppchen ganz allein auf den Weg, um der geliebten Oma Kuchen und Wein zu bringen. Unterwegs trifft das Mädchen zuerst den Igel und dann den Wolf, der Rotkäppchen vom Wege abbringt. Während es Blumen pflückt, frisst der Wolf zuerst die Großmutter und anschließend auch das Rotkäppchen. Doch beide werden vom Jäger gerettet. Rotkäppchen und der Jägersmann legen dem schlafenden Wolf Wackersteine in den Bauch. Von der Last der Steine wird der Bösewicht erdrückt und fällt tot zu Boden.
Am Ende gibt es ein frohes Wiedersehen mit der Mutter und dem Holzfäller.

Figuren: 7 Schauspieler und 1 Erzähler

Rotkäppchen	– Ro
Mutter	– Mu
Großmutter	– Gr
Wolf	– W
Jäger	– J
Holzfäller Franz	– HoF
Igelmann	– IM
Erzähler	– E

Bühnenbildvorschläge zu „Dornröschen“

Hintergrund für alle Szenen:

Märchenkulisse aus echten oder gebastelten Tannenbäumen, davor Kunstblumen, Häuschen mit rotem Dach, einem Fenster mit grünen Fensterläden und brauner Tür

Vordergrund / Requisiten für die 1. und 2. Szene:

Tisch mit weißem Tischtuch, darauf ein Napfkuchen, 3 Bauernstühle, 3 Kaffeegedecke, Brennschere, ein Weidenkörbchen mit Wein

Requisiten für die 2. Szene:

keine

Requisiten für die 3. bis 5. Szene:

Bett mit Kopfkissen und Deckbett, Tisch mit 3 Bauernstühlen, Nachttopf, Schüssel und großes Handtuch

Erste Szene:

Unerwarteter Besuch

Mu
(in schwarzer Trauerkleidung, betrachtet nachdenklich das Bild ihres verstorbenen Mannes)
Ach, mein seliger geliebter Mann. Warum hat das Schicksal uns so hart getroffen?

Ro *(kommt in die Stube)*
Mutter, du bist ja immer noch nicht umgezogen. (vorwurfsvoll)
Du wolltest doch die schwarze Trauerkleidung ablegen.

Mu
Ach, Rotkäppchen, ich kann Vater nicht vergessen.

Ro
Das sollst du auch nicht. Doch Vater ist nun schon zwei Jahre tot, und auch ohne die schwarzen Sachen werden wir ihn immer in Erinnerung behalten. Bitte, zieh' das hübsche Kleid an, das die Großmutter dir geschenkt hat.

Mu
Nun gut, Rotkäppchen. Ich zieh' mich um und du deckst inzwischen den Tisch. Du weißt, Großmutter ist immer pünktlich.

Ro
Ja, Mutter, ich beeile mich. *(Sie deckt den Kaffeetisch.)*

Mu *(kommt im neuen Kleid in die Stube)*

Ro (staunt)
Mutter, siehst du aber gut aus! Nur die Frisur macht dich etwas streng. Komm', setz' dich, ich werde dir ein paar Wellen ins Haar brennen.

Mu
Rotkäppchen, was soll das? Für wen soll ich mich denn herausputzen?

Ro
Nun, vielleicht für den Holzfäller Franz. Ich glaube, der mag dich.

GRIMMS MÄRCHEN ... lesen, spielen, bearbeiten – Bestell-Nr. 12 022
KOHL VERLAG

Mu *(ungehalten)*
Rotkäppchen, fremde Männer interessieren mich nicht.

Ro
Der Franz ist doch nicht fremd. Viele Jahre hat er im Wald mit Vater gearbeitet.

Mu *(traurig)*
Ja, mein Kind, bis der Unfall geschah und Vater vom Baum erschlagen wurde.

(Es klopft)

Mu
Herein, wenn's kein Schneider ist.

HoF
Grüß Gott, Frau Nachbarin. Vom Kaffeeduft genüsslich angezogen, treibt es mich geradewegs in eure Stube. *(sieht den gedeckten Tisch)*
Und wie mir scheint, komm' ich nicht ungelegen, Ihr habt gedeckt für drei.

Mu *(vorwurfsvoll)*
Holzfäller Franz, wie unverschämt, Euch selber einzuladen. Wir hatten anderen Besuch erwartet.

HoF
Ach ja, jetzt fällt's mir wieder ein. Sonntags kommt die Großmama. Für sie habt Ihr Euch so hübsch herausgeputzt.

Mu *(abweisend)*
Mein Anputz hat euch nicht zu interessieren. Und nun möchte' ich höflich darum bitten, uns länger nicht zu stören. Die Großmutter kann jeden Moment da sein.

HoF
Es tut mir leid, Frau Nachbarin, die Großmutter kann leider nicht kommen. Sie liegt im Bette krank darnieder.

Mu *(aufgebracht)*
Um Gottes Willen! Franz, warum habt Ihr das nicht gleich gesagt?

HoF
Verzeiht, Frau Nachbarin. Der Kaffeeduft, Eure liebliche Gestalt – Ihr habt mich abgelenkt.

Mu *(ärgerlich)*
Franz, jetzt ist's genug. Was soll das Kind von Euch denken?

Ro
Mutter, sei doch nicht so kratzbürstig. Ich mag den Franz gut leiden. Aber nun erzähl' uns von der Großmutter. Was fehlt ihr denn?

HoF
Ach, die Arme, sie tut mir so leid. Sie hat sich so auf den Napfkuchen gefreut.

Mu *(ungeduldig)*
Franz, kommt jetzt endlich zur Sache, ich bin ganz ungeduldig

HoF
Also, die Großmutter hat sich eine hartnäckige Erkältung weggeholt, sie schnieft und hustet zum Gotterbarmen. Ihr solltet sie besuchen und eine kräftige Hühnersuppe mitbringen. Sie meint, das ist die beste Medizin.

Mu
Das stimmt, aber erst bringen wir ihr den Napfkuchen.

HoF
So will ich auch nicht länger stören. Auf Wiedersehen. *(Er geht.)*

Ro
Auf Wiedersehen, Franz.
(zur Mutter) Mutter, ich bin doch schon alt genug und kann allein zur Großmutter geh'n. Da kannst du inzwischen den Hahn schlachten und die Hühnersuppe kochen.

Mu
Das ist eine gute Idee. Hol' schon das rote Käppchen und mach dich recht hübsch für die Großmutter. Ich packe inzwischen das Körbchen.

Ro
Ja, Mutter, ich bin gleich fertig. *(kommt angeputzt zurück)*

Mu
Rotkäppchen, du siehst aber hübsch aus. Da wird sich die Großmutter freuen. Und nun pass' gut auf, was ich dir erkläre: Du gehst heute zum ersten Mal allein zur Großmutter. Geh' recht sittsam und lauf' nicht vom Wege ab, sonst fällst du und die Weinflasche zerbricht. Und wenn du in Großmutters Stube kommst, vergiss nicht, „Guten Tag" zu sagen und guck' nicht erst in allen Ecken herum.

Ro
Sei unbesorgt, Mutter, ich will schon alles gut machen.

(Sie verabschieden sich.)

Zweite Szene:

Rotkäppchen auf dem Weg zur Großmutter

Ro *(hört die Vögel zwitschern, erfreut sich an den Früchten des Waldes und singt)*

Draußen im Walde ist es schön. Hier kann man viele Beeren sehn. Schwarze und rote, groß und klein, leuchten im goldenen Sonnenschein

(Melodie: Janek hat einen Garten schön.)

(singt hüpfend)

Vöglein, sie singen so schön, Blumen, sie blühen. Doch ich muss jetzt weitergehen, nach der Oma sehen.

(Melodie: Fröhlich zog ich mit der Laute.)

IM *(schimpft)*
Dieser unverschämte Fatzke! Na warte, dir werd' ich's zeigen.

Ro
Guten Tag, lieber Igel. Warum bist du denn so aufgebracht?

IM
Ach Rotkäppchen, der freche Hase hat mich wieder beleidigt und spottet über meine kurzen Beine. Ich kann doch nichts dafür, dass ich keine langen Hasenbeine habe.

Ro *(lacht)*
Das würde aber auch komisch aussehen. Ärgere dich nicht, geh' ihm einfach aus dem Wege.

IM
Nein, Rotkäppchen, diesmal werde ich ihm einen Denkzettel verpassen.

Ro
Was willst du denn machen?

IM
Ich werde mit ihm um die Wette laufen und gewinnen.

Ro
Das glaube ich nicht, lieber Igel.

IM
Doch, Rotkäppchen. Mit einer List wird es gelingen. Willst du zuschauen?

IM
Das geht leider nicht. Die Großmutter wartet auf mich. Ich will ihr Kuchen und Wein bringen. Auf Wiedersehen und viel Glück beim Wettlauf.

IM
Danke, Auf Wiedersehen und geh' nicht vom Wege ab.

Ro *(geht weiter, singt)*
Schrumm, schrumm, schrumm, die Igel sind nicht dumm.

W
Guten Tag, Rotkäppchen.

Ro *(erschrickt, zitternde Stimme)*
Um Gottes Willen! Hast du mich erschreckt. Bist du etwa der böse Wolf und willst mich fressen?

W
Aber nein, wie kommst du denn darauf? Ich bin genauso friedlich wie die anderen Tiere des Waldes.

Ro *(erleichtert)*
Na Gott sei Dank. Da fällt mir ein Stein vom Herzen. Und woher kennst du meinen Namen?

W
Nun, ich habe dich öfter mit deiner Mutter vorbeigehen sehen. Und weil du immer so ein hübsches rotes Käppchen trägst, habe ich mir gedacht: Das ist Rotkäppchen.

Ro
Da hast du recht, lieber Wolf. Alle nennen mich so.

W *(schmeichelnd)*
Das ist aber auch ein schöner Name. Und warum gehst du heute allein spazieren?

Ro
Mutter hat keine Zeit, sie muss Hühnersuppe kochen. Und ich geh' nicht spazieren. Ich will die kranke Großmutter besuchen, das erste Mal ganz allein.

W
Alle Achtung! Du bist ja ein Prachtmädel. Aber sag' mal, wo wohnt denn deine Großmutter? Findest du auch den Weg zu ihr?

Ro
Aber natürlich. Schau mal, da hinten bei den großen Eichbäumen steht ihr Häuschen.

W
Und was hast du da in deinem Körbchen?

Ro
Einen Napfkuchen, gestern frisch gebacken, und eine Flasche Wein zur Stärkung.

(zum Publikum)

Ich wusste gar nicht, dass Wölfe so neugierig sind.

W
Na, da wird sich die alte Dame aber freuen. Aber sag' mal, du hast ja gar keine Blumen für deine liebe Großmutter. Ein kleines Sträußchen könntest du ihr schon pflücken. Ohne Blumen macht man keine Besuche.

Ro *(überlegt)*
Eigentlich hast du recht, lieber Wolf. Die Zeit nehm' ich mir noch. Also tschüss, ich muss mich beeilen. Vielleicht sehen wir uns bald mal wieder.

KOHL VERLAG GRIMMS MÄRCHEN ... lesen, spielen, bearbeiten – Bestell-Nr. 12 022

W
Ganz bestimmt, Rotkäppchen. Darauf kannst du dich verlassen.

(allein, im Selbstgespräch)

Hm, dieses zarte junge Ding hab' ich zum Fressen gern. Mir läuft schon das Wasser im Munde zusammen. *(reibt sich die Pfoten)*
Ha, das gibt eine leckere Nachspeise!
Aber jetzt hol' ich mir erst mal das Hauptgericht, die alte Großmutter.
Wo wohnt sie doch gleich? *(überlegt)*
Ach ja, jetzt ist es mir wieder eingefallen. Sie wohnt bei den drei Eichbäumen. Da will ich ganz schnell hinlaufen, bevor Rotkäppchen kommt.

Er
Während Rotkäppchen Blumen pflückte, quälte sich die Großmutter mit ihrer Erkältung. Beide ahnten nichts von dem drohenden Unheil.

Dritte Szene:

Der Wolf frisst die Großmutter

Gr *(sitzt am Tisch, macht ein Dampfbad, niest und hustet)*
Mein Gott, dieser verfluchte Husten macht mich fix und fertig. Schade, dass ich mein liebes Rotkäppchen nicht besuchen kann. Wie habe ich mich auf den Kaffeenachmittag gefreut! Und nun dieser Jammer. *(hustet, niest, inhaliert)*
So, nun ist's genug. Schnell noch den Nachttopf ausschütten und dann ins Bett und richtig schwitzen. Das muss doch helfen.
Die Tür lass' ich lieber offen. Da muss ich nicht aufstehen, falls meine Lieben kommen.

(setzt die Nachthaube auf und legt sich ins Bett)

Aua, aua! Jetzt hab' ich auch noch 'nen Hexenschuss. Mir bleibt aber auch nichts erspart. So, nun werd' ich ein bisschen schlafen.

(schnarcht)

W *(klopft)*

Gr (erschrocken)
Wer ist draußen?

W
Dein Rotkäppchen. Ich bringe dir Kuchen und Wein. Mach' auf, liebe Großmutter.

Gr
Liebes Kind, die Tür ist offen. Drück nur auf die Klinke, ich bin zu schwach und mag nicht aufstehen.

W
Bleib nur liegen, liebe Großmutter, ich bin gleich bei dir.

(Blitzschnell springt der Wolf ins Zimmer, wirft sich auf die Großmutter und frisst sie.)

So, das war ein schönes Fresserchen. Jetzt leg' ich mich ins Bett, setze Großmutters Haube auf und warte auf die Nachspeise.

Vierte Szene:

Der Wolf frisst das Rotkäppchen

Ro *(hält einen großen Blumenstrauß in der Hand)*
So viele schöne Blumen! Da wird sich die Großmutter freuen. Jetzt muss ich mich aber beeilen.

(Sie läuft zum Haus der Großmutter, hört lautes Schnarchen, ist verwundert)

Nanu, die Großmutter schnarcht doch sonst nicht so laut?

(drückt auf die Klinke)

Nanu, die Tür steht offen.
(ruft) Großmutter, ich bin's, dein Rotkäppchen! *(Stille)*
Was ist mit dir? Großmutter, so antworte doch! *(Stille)*
Oje, mir wird ganz Angst und bange.

(stellt das Körbchen auf den Tisch und geht zum Bett, vor Schreck fallen ihr die Blumen aus der Hand)
Um Himmelswillen, Großmutter, du siehst ja schrecklich aus!

W
Hab keine Angst, das macht die Krankheit, komm nur näher, mein Kind.

Ro *(geht zaghaft näher ans Bett, erschrickt)*
Aber Großmutter, was hast du bloß für große Ohren?

W
Dass ich dich besser hören kann.
Ro
Und warum hast du so große Augen?

W
Dass ich dich besser sehen kann.

Ro
Aber Großmutter, was hast du nur für große Hände?

W *(richtet sich auf)*
Dass ich dich besser packen kann. **(greift sie und zieht sie aufs Bett)**

Ro *(weinerlich)*
Großmutter, was hast du für ein entsetzlich großes Maul?

W
Dass ich dich besser fressen kann. *(frisst sie)*
Hm, das war ein feines Fresserchen. So ein Festessen gibt's nicht alle Tage.
Aber jetzt bin ich müde und will erst einmal ausschlafen. *(legt sich hin)*

Fünfte Szene:

Ende gut, alles gut

J *(kommt singend herbei)*
Im Wald und auf der Heide, da hab' ich meine Freude, ich bin ein Jägersmann, ich bin ein Jägersmann ...

W *(schnarcht laut)*

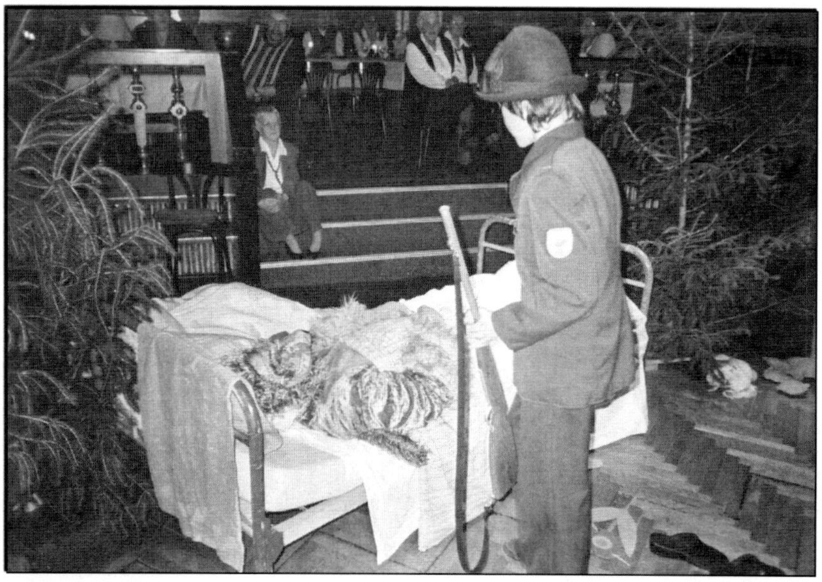

J
Nanu, wer schnarcht denn da so laut?
Das kann unmöglich die Großmutter sein. Da muss ich doch gleich mal nachschauen.

(geht zum Bett)

Finde ich dich hier, du alter Sünder! Na warte, dir werde ich den Garaus machen.

(will ihn erschießen)

Doch halt! Sein Wanst ist so dick und rund. Hat der Bösewicht etwa die Großmutter gefressen? Ich werde ihm vorsichtig den Bauch aufschneiden.

(schneidet, hält inne)

Nanu, da leuchtet ja das Käppchen vom Rotkäppchen. Hat er etwa beide gefressen?

Ro *(mit feiner Stimme)*
Ja, lieber Jäger, sei vorsichtig beim Schneiden und leise, damit der Wolf nicht aufwacht. Und beeil' dich, ich kriege kaum noch Luft, und die Großmutter ist ganz schwach.

J
Habt Geduld, ich hebe euch beide heraus.

Ro
War das dunkel und eng im Bauch des Wolfes.

Gr *(taumelt)*
Oje, oje, oje, oje!

Ro
Beruhige dich, Großmutter, setz' dich auf den Stuhl, da kannst du dich erholen.
(Großmutter schläft ein)

J
Und wir müssen uns jetzt um den Wolf kümmern. Du holst Nadel und Faden aus dem Nähkästchen, und ich hole Wackersteine. Die legen wir dem Wolf in den Bauch und nähen zu.

Ro
Oja, lieber Jäger, ich bin ganz aufgeregt.
(Sie erledigen alles.)

J
So, nun verstecken wir uns hinter dem Bett.

W *(erwacht)*
War das ein Festessen! Nun hab' ich großen Durst. (kann kaum aufstehen)
Meine Güte! Der Braten liegt wie Blei im Magen. Da hab' ich mich wohl übernommen.
(geht wankend ein paar Schritte und fällt dann tot zu Boden)

Ro und J *(singen)*
Der Wolf ist tot, der Wolf ist tot, der böse Wolf ist tot.

Gr *(erwacht)*
Ach, ich hatte einen schlechten Traum, bin noch ganz in Schweiß gebadet.

Ro
Nein, Großmutter. Dein Traum war Wirklichkeit. Der Wolf hatte uns beide gefressen.
Doch der Jäger hat uns gerettet.

KOHL VERLAG
GRIMMS MÄRCHEN
... lesen, spielen, bearbeiten – Bestell-Nr. 12 022

E
Inzwischen war Rotkäppchens Mutter in großer Sorge. Doch Holzfäller Franz tröstete sie und half beim Suchen des Mädchens.

Mu *(läuft unruhig hin und her)*
Es wird schon dunkel und Rotkäppchen ist immer noch nicht zu Hause. Ich mache mir große Sorgen. Ach, wenn doch der Franz käme, der weiß sicher einen guten Rat.

HoF
Guten Abend, Frau Nachbarin. Ich wollte doch mal hören, wie es der Großmutter geht.

Mu
Ach Franz, das Mädel ist immer noch nicht zu Hause. Ich bin schon ganz unruhig.

HoF
Naja, so ganz ungefährlich ist es nicht allein im dunklen Walde.

Mu
Man sagt, die Wölfe treiben sich herum. Wenn Rotkäppchen nur nichts passiert ist.
Ich mache mir solche Vorwürfe.

HoF
Weißt du was? Wir gehen dem Rotkäppchen entgegen. Dann hat das Warten ein Ende.

Mu
Danke Franz. Ich hole mir nur noch ein warmes Schultertuch.
Dann können wir losgehen.
(sie gehen eine Weile)

Mu
Ach, ist das unheimlich hier. Eben war mir so, als blitzten die Augen eines Wolfes hinter einem Baum hervor.

HoF
Ach Grete, du siehst schon Gespenster. Komm, hak dich bei mir unter.

Mu *(zögert)*

HoF
Na komm schon. Ich beiße nicht.

Mu
Welch ein Jammer! Das arme Mädel tut mir so leid. Diese Ungewissheit bringt mich noch um.

HoF
Beruhige dich. Wir sind ja gleich da. Schau, da ist schon das Häuschen der Großmutter.

(Großmutter, Rotkäppchen und Jäger sitzen am Tisch und trinken gemütlich Kaffee)

Mu
Na, was ist denn hier los? Ich sterbe fast vor Angst und ihr macht es euch gemütlich?

Ro
Mutter, sei nicht böse. Ich bin vom Wege abgegangen. Und dann hat mich der Wolf gefressen und vorher die Großmutter. Aber der Jäger hat uns gerettet. Schau, da liegt der tote Wolf.

HoF
Na, das ist ja aufregend. Da müsst ihr aber der Reihe nach erzählen.

Gr
Ja, Franz, aber erst möchte ich von der guten Hühnersuppe essen.

Mu
Großmutter, du hast Humor. Wer denkt denn jetzt an Hühnersuppe? Die steht zu Hause auf dem Herd.

Ro
Mutter, die Großmutter kann doch bei uns wohnen.

J
Ja, das wäre schon gut. Denn hier ist es für die alte Frau zu gefährlich. Die Wölfe werden immer dreister und schleichen ums Haus herum.

Mu
Großmutter, am liebsten würde ich dich gleich mitnehmen. Aber das ist dir sicherlich zu anstrengend.

Gr
Aber nein, Grete. Nehmt mich in die Mitte, dann kann ich mich unterhaken.

(Mutter und Holzfäller nehmen die Großmutter in die Mitte, alle gehen los)

Ro
Welch eine Freude! Nun hat alles ein gutes Ende gefunden.

KOHL VERLAG GRIMMS MÄRCHEN ... lesen, spielen, bearbeiten – Bestell-Nr. 12 022

2 Rotkäppchen

EA **Aufgabe 1:** *Rotkäppchen trägt auf dem Kopf ein rotes Käppchen. Überlege dir für die übrigen Körperteile Kleidungsstücke und trage sie in die Tabelle ein.*

Körperteile	Kleidung
Kopf	rotes Käppchen
Oberkörper	
Unterkörper	
Beine	
Füße	

EA **Aufgabe 2:** *Ergänze den Lückentext.*

Ro: „Aber Großmutter, was hast du bloß für große ____________________?“

W: „Damit ich dich besser ____________________!“

Ro: „Und warum hast du so große Augen?“

W: „Damit ich dich besser ____________________!“

Ro: „Aber Großmutter, was hast du nur für große ____________________?“

W: „Dass ich dich besser packen kann!“

Ro: „Großmutter, was hast du für ein entsetzlich großes____________________?“

W: „Dass ich dich besser fressen kann!“

EA **Aufgabe 3:** *Lies aufmerksam den Text, denn hier haben sich Fehler eingeschlichen. Finde sie, unterstreiche die fehlerhaften Stellen und fülle die Lücke aus.*

Rotkäppchen lebt mit ihrem Vater am Waldesrand.
Eines Tages macht sie sich allein auf den Weg zur kranken Tante, um ihr ____________________ zu bringen. Unterwegs trifft sie den Igel, der sie vom Wege abbringt. Während Rotkäppchen Beeren sucht, frisst der Wolf zuerst das Rotkäppchen und dann die Großmutter.
Doch der Förster rettet beide.

2 Rotkäppchen

EA

Aufgabe 4: *Beantworte folgende Fragen zur ersten Szene.*

a) *Was erfahren wir über Rotkäppchens Vater?* ____________________

b) *Warum kommt der Holzfäller ins Haus?* ____________________

c) *Welche Anweisungen der Mutter sollte Rotkäppchen unbedingt befolgen?*

____

d) *Wer erinnert sie in der zweiten Szene daran?* ____________________

Aufgabe 5: *Lies die zweite Szene ab: „Guten Tag Rotkäppchen ..." (S. 25) und verfolge aufmerksam das freundliche Gespräch zwischen Rotkäppchen und dem Wolf.*
Gruppe 1: Achtet auf die Worte des Wolfes!
Gruppe 2: Achtet auf seine Gedanken!
Alle: Vergleicht Worte und Gedanken. Füllt die Tabelle aus.

Der Wolf		
seine Worte	**seine Gedanken**	**seine Taten**

EA

Aufgabe 6: *Welche menschlichen Eigenschaften hat der Märchenwolf gegenüber einem echten Wolf? Ergänze.*

Der Märchenwolf kann: ____________________.

Der Märchenwolf kann: ____________________.

Der Märchenwolf kann: ____________________.

Der Märchenwolf fühlt wie ein Mensch.

EA

Aufgabe 7: *Welche Tiere können in folgenden Grimms Märchen sprechen?*

„Aschenputtel": ____________________

„Tischlein deck dich": ____________________

„Die Bremer Stadtmusikanten": ____________________

Ergänze, wenn dir weitere Märchen dazu einfallen. ____________________

____

EA

Aufgabe 8: *Versetze dich in die Rolle des Jägers. Am Ende könnte er zur Mutter sagen:*
„Gute Frau, nicht nur Rotkäppchen, sondern auch Ihr solltet aus der Geschichte lernen, denn Ihr habt sehr unverantwortlich gehandelt. So ein kleines Mädchen lässt man nämlich nicht allein in den Wald laufen."
Was meinst du? Hat die Mutter solch eine Kritik verdient? Begründe.

3 Frau Holle

Lehrerinfo

Frau Holle – Märchenspiel frei nach Brüder Grimm

Handlung

Die Fleißige wird von ihrer strengen Stiefmutter und der verwöhnten Stiefschwester ständig zur Arbeit angetrieben. Dabei fällt ihr beim Spinnen die Spindel in den Brunnen. Das Kätzchen will helfen, doch die Mühe ist vergebens. Aus Angst vor dem Zorn der Stiefmutter springt Marie in den Brunnen, erwacht auf einer Blumenwiese im Reich der Frau Holle und macht sich am Backofen und Apfelbaum sehr nützlich. Das gefällt der freundlichen Frau, und sie nimmt Marie in ihren Dienst. Unterstützt vom Schneemann und der Sonne, schüttelt Marie fleißig die Betten, sodass es auf der Erde schneit. Als Dank für ihren Fleiß bekommt Marie die Spindel zurück ´, wird mit Gold überschüttet und kehrt glücklich heim. Die neidische Stiefschwester tritt ebenfalls in den Dienst der Frau Holle. Doch weil das Mädchen stinkfaul ist, reagiert diese stinksauer und lässt schwarzes Pech regnen, das an der faulen Marie hängen bleibt. So muss sie ein Leben lang als Pechmarie herumlaufen. Goldmarie aber heiratet den Schneemann, der sich in einen schönen Prinzen verwandelt.

Figuren: 11 Schauspieler und 1 Erzähler

Frau Holle	– FrH
Goldmarie	– GM
Pechmarie	– PM
Stiefmutter	– St
Hahn	– Ha
Kätzchen	– Kä
Backofen	– Ba
Apfelbaum	– Apf
Schneemann	– Sch
Prinz	– Pr
Sonne	– So
Erzähler	– E

Bühnenbildvorschläge zu „Frau Holle“

Hintergrund für alle Szenen:

Märchentannenwaldkulisse, davor gebastelte Blumenwiese, links aus Karton gebauter Brunnen, rechts Häuschen wie bei Rotkäppchen

Requisiten für die 1. und 2. Szene:

Tisch mit 2 Bauernstühlen, 2 Gedecke, 1 Glas Marmelade, Besen, Wassereimer

Requisiten für die 3. und 4. Szene:

aus Karton gebauter Backofen, Brote, Brotschieber, zum Frau-Holle-Haus umfunktioniertes Häuschen aus der 1. und 2. Szene (Dach wird mit einem weißen Deckbett belegt), weiße Federbetten, an denen Fäden mit weißen Watteböllchen angenäht sind, Waschtrog mit weißen Styroporflocken, bemalter hellblauer Bogen mit beklebten Goldpapiersternchen als Himmelstor

Erste Szene:

Die faule und die fleißige Marie

Ha *(am Brunnen)*
Kikeriki! Es ist noch sehr früh. Ihr Mädchen und Buben heraus aus den Stuben! Das Tagwerk beginnt, hurtig, geschwind! Kikeriki!

PM *(hinter der Bühne)*
Du blöder Hahn, hör auf zu krähen, sonst dreh ich dir den Hals um.

GM *(in der Stube)*
Da meint er meine Stiefschwester. Die hat´s gut, kann schlafen bis in die Puppen, und ich muss mich abrackern!

St *(keift hinter der Bühne)*
Marie, du faules Ding, was trödelst du herum? Geh endlich an die Arbeit. Hol Wasser, feg' die Stube und deck den Frühstückstisch!

GM
Das war meine Stiefmutter. So keift sie jeden Tag. Und ich muss mich fügen, bin ja nicht die rechte Tochter. Also frisch an die Arbeit.

Kä
Miau, mio, wenn ich dich seh´, dann bin ich froh.

GM
Guten Morgen Kätzchen *(schaut sich um)*. Du hast ja schon die Küche ausgefegt!

Kä
Aber das hab ich doch gerne getan. Wir Katzen sind besonders reinlich, darum ist der Schmutz uns peinlich. Mein Schwanz hat einen guten Zweck. Er wedelt Staub und Unrat weg. *(wedelt)*

GM
Danke liebes Kätzchen. Da haben wir ein wenig Zeit, um mit dem Ball zu spielen.

Kä
Miau, mio, das macht mich froh.

(sie werfen sich gegenseitig den Ball zu)

St *(keift)*
Marie, was alberst du herum? Deck endlich den Frühstückstisch! Und vergiss auch nicht die Himbeermarmelade für deine Schwester.

GM
Ja, ja, ich beeile mich ja schon.
*(**Kä** und **GM** decken den Tisch)*

St und **PM** *(kommen gähnend in die Stube, PM im Nachthemd, ungekämmt)*

PM
Donnerwetter! Kann man nicht einmal in Ruhe ausschlafen? Erst weckt mich der blöde Hahn und dann das Gezeter in der Küche.

St
Beruhige dich, mein Kind. Setz dich und probiere die schöne Himbeermarmelade.

KOHL VERLAG GRIMMS MÄRCHEN ... lesen, spielen, bearbeiten – Bestell-Nr. 12 022

PM
Himbeermarmelade? Hast du Himbeermarmelade gesagt? Die schmeckt mir nicht, die will ich nicht. Ich will Erdbeermarmelade.

St
Marie, hol Erdbeermarmelade!

GM
Aber gestern wollte sie doch Himbeermarmelade.

St
Schweig! Du vorlautes Ding. Und merk dir: Was mein Töchterchen haben will, soll es auch bekommen.

GM *(geht kopfschüttelnd und holt das Gewünschte)*
Frau Mutter, darf ich mit euch frühstücken?

St *(empört)*
Du Unverschämte! Erst die Arbeit, dann das Vergnügen. Geh Wolle spinnen, dann darfst du essen.

PM
Aber Mutter, das Gesurre geht mir auf die Nerven. Da kann ich ja nicht mehr schlafen.

St
Keine Sorge mein Kind. Marie wird draußen am Brunnen spinnen. Und nun wollen wir erstmal in Ruhe frühstücken.
*(**GM** geht hinaus, **Kä** bleibt in der Stube)*

PM *(zeigt sehr schlechte Essmanieren: Probiert die Marmelade mit den Fingern, leckt die Finger ab, bohrt in der Nase, kratzt sich zwischendurch immer wieder auf dem Kopf, schmatzt)*

Kä *(hat alles beobachtet)*
(zum Publikum)
O je, o je, o je, o je! Mir wird ganz schlecht, wenn ich das seh.

*(zur **PM**, vorwurfsvoll)*
Was bist du verfressen! So kann man nicht essen. Lass endlich das Schmatzen. Solche Manieren gibt's nicht mal bei Tieren. Sieh endlich ein, benehmen muss sein.

PM
Hau ab du altes Katzenvieh, sonst bring ich dich um.

Kä *(läuft weg)*

St *(tröstend)*
Ach mein Schatz, dass dich aber auch alle ärgern müssen. Komm, mach dich recht hübsch und wir gehen spazieren.

PM
Ach nö, das will ich nicht, da muss ich ja laufen.

St
Nun, was willst du denn, meine Liebe?

PM
Liegen will ich, nur so im Bett liegen und träumen: von Bratwürsten, Hühnerbrüsten und Himbeermarmelade.

St
Gut mein Kind, leg dich nur wieder hin. Ich werde auch noch ein Stündchen ruhn.

(beide gehen gähnend weg)

Ha
Kikeriki! Wie faul sind die.

<u>Zweite Szene</u>:

Das Unglück am Brunnen

GM *(singend bei der Arbeit, spinnt)*
Dreh dich, dreh dich Rädchen, spinne mir ein Fädchen, viele, viele Meter lang. Kräftig in die Wolle greifen und dabei ein Liedchen pfeifen, dreh dich, dreh dich Rädchen.

Kä
Ach Marie, du bist schon wieder fleißig bei der Arbeit. Die beiden lassen dir aber auch gar keine Ruhe.

GM
Ach Kätzchen, das bin ich doch gewöhnt und mit so einem schönen Spinnrad macht die Arbeit richtig Spaß. Du kannst ja ein wenig zuschauen oder mit dem Wollknäuel spielen.

GM *(spinnt weiter, singend)*
Mit dem Fuß da muss ich treten, viel Geschick ist da vonnöten, dreh dich, dreh dich Rädchen. Ja, das muss man gut verstehen.
Au! Jetzt hab ich mich in den Finger gestochen. So ein Pech, jetzt ist die Spule und das Garn blutig geworden. Oh Schreck, was mach ich nur?

Kä
Marie, bleib ruhig. Wasch beides im Brunnen aus.

St *(aufgebracht)*
Marie, was hast du denn nun schon wieder angestellt? Hat man denn niemals Ruhe?

GM
So schimpf doch nicht, ich hab's doch nicht mit Absicht getan.

St *(wütend)*
Was hast du nicht mit Absicht getan?

GM *(weinerlich)*
Verzeih, mir ist die Spule in den Brunnen gefallen. Was soll ich nur machen?

St
Blöde Frage, du Tollpatsch. Das ist doch ganz einfach: Hast du die Spule in den Brunnen fallen lassen, so hol sie auch wieder herauf, basta.
(geht ins Haus)

GM *(weint)*

Kä
Miau, miau, du böse Frau.

GM
Ach Kätzchen, was soll nur werden? Hilft mir denn niemand?

Kä
Liebe Marie, hör auf zu weinen. Ich werde die Spule heraufholen.

GM *(schüttelt den Kopf)*
Aber Kätzchen, das geht doch nicht.

Kä
Doch, Marie. Pass nur auf, ich will es versuchen.
(steigt auf den Brunnenrand und singt)
Ich wollt, ich wär ein Fisch, so munter und so frisch. Dann wär dein Kummer eins zwei drei bestimmt ganz schnell vorbei.
Ich würde tauchen auf den Grund, die Spule holen mit dem Mund.
Doch leider geht das nicht, Marie, ich bin ein armes Katzenvieh. *(traurig)*

GM
Sei nicht traurig Kätzchen. Schön, dass du mir helfen wolltest. Aber ich muss es wohl selber tun.
(steigt auf den Brunnenrand)

Kä
Miau, mio, miau, mio, lass sein, sonst wirst du nicht mehr froh.

GM *(springt)*

Ha *(schreit)*
Kikeriki, die arme Marie.

Dritte Szene:

Goldmarie im Dienste der Frau Holle

GM *(erwacht auf einer bunten Blumenwiese)*
Ist das herrlich hier! Überall leuchtend bunte Blumen und über mir blauer Himmel und Sonnenschein. Wo bin ich? Wo ist der Brunnen? Mein Gott, ich kann es noch gar nicht fassen: Dem Himmel sei Dank, ich lebe!
(riecht) Nanu, das riecht ja auf einmal so gut.

(steht auf und sieht sich um)

Unglaublich, da ist ja ein Backofen und ein Apfelbaum – wie im Schlaraffenland.

Ba
Zieh uns heraus, zieh uns heraus! Sonst verbrennen wir. Wir Brote sind allesamt ausgebacken.

Apf
Schüttle mich, schüttle mich! Die Äpfel sind allesamt reif.

GM
Mir scheint, ich werde gerufen, da muss ich gleich mal hinlaufen.
Ba und Apf *(rufen gleichzeitig)*

GM
Ja, ja, ich will euch ja gerne helfen. Aber immer schön der Reihe nach. Zuerst geh ich zum Backofen.

(macht die Ofentür auf)

Gott sei Dank! Da bin ja gerade noch zur rechten Zeit gekommen.

(zieht mit dem Schieber alle Brote heraus, staunt)

Hm, wie appetitlich, die riechen aber gut – Sieh mal an, das letzte Brot ist ein ganz kleines. Ist das etwa für mich?

Ba
Guten Appetit!

GM
Danke, lieber Backofen. *(probiert ein Stückchen Brot)* Hm, köstlich. Vielen Dank, aber nun muss ich zum Apfelbaum.

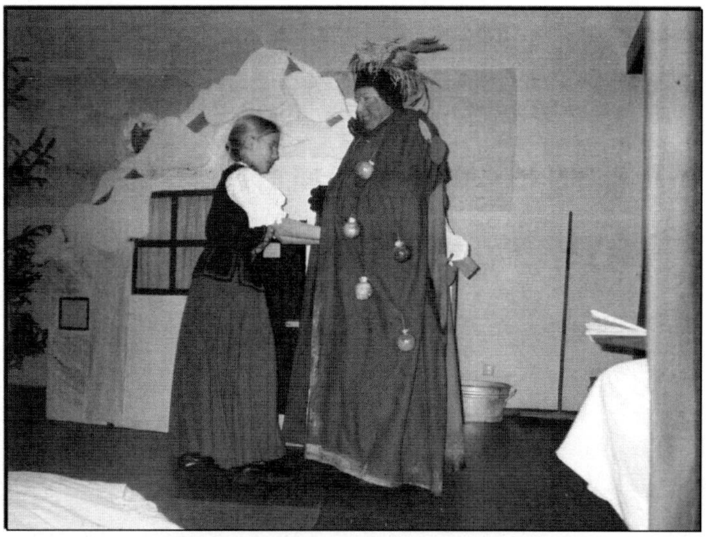

Apf
Schüttle mich, schüttle mich, die Äpfel sind allesamt reif.

GM
Da hast du recht, deine Äste sind zum Brechen voll. Da werd ich kräftig schütteln. *(schüttelt)*

Apf
Danke, liebe Marie. Hier, dieser Apfel ist für dich. Er ist besonders süß und saftig, lass ihn dir schmecken.

GM
Danke, lieber Apfelbaum. (beißt in den Apfel) Hm, der schmeckt aber köstlich. Ach, ich kann mein Glück kaum fassen. Nur die Spule müsste ich noch finden.

FrH *(hat das Mädchen schon eine Weile beobachtet)*
Guten Tag, Marie, ich habe dich schon eine Weile beobachtet, du bist wirklich ein fleißiges Mädchen.

GM
Guten Tag, Mütterchen. Wer seid ihr und wo bin ich?

FrH
Du bist im Himmel bei Frau Holle.

GM
Oh Schreck! Ich muss schnell wieder zurück auf die Erde und die Spule suchen.

FrH
Mach dir keine Sorgen, liebes Kind. Die Spule wirst du schon noch finden. Willst du nicht eine Weile bei mir bleiben und in meinen Dienst treten?

GM
Sehr gerne, gute Frau. Arbeit bin ich gewöhnt. Ihr müsst mir nur sagen, was ich zu tun habe.

FrH
Pass auf, ich will dir alles erklären. Also: Ich bin die Frau Holle und sorge für das Winterwetter. Schau dich nur um. Das Wichtigste in meinem Haus sind die Betten. Die musst du kräftig schütteln, bis die Federn fliegen. Dann schneit es auf der Erde und die Kinder freuen sich.

GM
Das ist ja aufregend. Hoffentlich mache ich alles richtig.

FrH
Aber natürlich. Komm, wir schütteln gemeinsam und singen das Schneeflöckchenlied.
(beide schütteln und singen)
Schneeflöckchen, Weißröckchen, jetzt kommst du geschneit. Du wohnst in den Wolken, dein Weg ist so weit.

GM
Wunderbar, das hat mir großen Spaß gemacht.

FrH
Schau Marie, dort liegen noch zwei Betten. Das eine ist etwas vergraut. Du musst es in der Sonne bleichen. Das andere ist sehr schmutzig, es muss gewaschen werden. Der Schneemann wird dabei helfen. Ich muss mich jetzt ein bisschen ausruhen

(sie geht)

Sch *(kommt mit dem Waschtrog)*
Guten Tag, Marie. Ein Schneemann ist jeder Zeit zu deinen Diensten stets bereit. Nun werden wir erst einmal kräftig Schaum schlagen.

GM
Danke, lieber Schneemann, das macht bestimmt Riesenspaß.

(sie freuen sich bei der gemeinsamen Arbeit)

KOHL VERLAG GRIMMS MÄRCHEN ... lesen, spielen, bearbeiten – Bestell-Nr. 12 022

Sch
So Marie, jetzt sind wir fast fertig. Nun muss ich nur noch das vergraute Bett bleichen. Mit einem Lied locken wir die Sonne hervor. Sing nur kräftig mit.

(sie singen nach ausgedachter Melodie)

Liebe Sonne, scheine, dann sind wir nicht alleine. Wenn die Strahlen uns erreichen, werden sie die Betten bleichen. Liebe Sonne scheine.

So *(Sonne kommt und singt)*
Ich bin die Frau Sonne und schicke mit Wonne die goldenen Strahlen vom Himmel herab. Die Betten, sie bleichen. Das Graue muss weichen. Nun sind sie schneeweiß.
(ausgedachte Melodie)

GM
Danke, liebe Sonne.
(Sonne geht)

Sch
So, zum Schluss schütteln wir das Bett kräftig aus, und dann tanzen wir den Schneewalzer.

(sie tanzen und singen)

Den Schnee-, Schnee-, Schnee-, Schnee-, Schneewalzer tanzen wir. Ich mit dir, du mit mir ...

FrH *(hat schon eine Weile zugeschaut)*
Na, das ist ja eine Freude euch zuzusehen. Marie, ich bin sehr mit dir zufrieden. Aber nun ruh dich erst einmal aus, denn morgen müssen wir wieder kräftig schütteln. Gute Nacht ihr beiden.

Sch und **GM**
Gute Nacht, Frau Holle. Gute Nacht.

Er
Marie blieb eine ganze Weile bei Frau Holle und war stets fleißig und frohen Mutes. Doch dann kam der Frühling ins Land und Marie wurde immer trauriger.

GM *(schaut übers Haus auf die Erde – singt)*
Ich weiß nicht, was soll es bedeuten, dass ich so traurig bin. Der Hahn auf dem Hof und das Kätzchen, die gehen mir nicht aus dem Sinn. Die Mutter, die Schwester, die Bösen, vergessen kann ich sie nicht. Mein Herz ist zu Hause geblieben. Es ruft: Komm wieder zurück. *(traurig)*

FrH *(hat ihr Klagen gehört)*
Marie, du bist mir sehr ans Herz gewachsen und wirst mir fehlen. Aber es gefällt mir auch, dass du wieder nach Hause möchtest. Und weil du mir so treu gedient hast, möchte ich dich für deinen Fleiß belohnen. Komm, gibt mir deine Hand, ich führe dich durchs Himmelstor.

(es regnet Gold)

GM *(staunt)*
Mein Gott, was ist geschehen? Ich bin ja ganz und gar mit Gold behängt. Ist das alles für mich?

FrH
Ja, Marie, weil du so fleißig gewesen bist und ein gutes Herz hast. Und hier ist auch die Spule. Leb wohl, mein Kind.

GM
Auf Wiedersehen, Frau Holle, und herzlichen Dank.

Sch *(singt)*
Schönes Mädchen komm her zu mir, groß ist mein Verlangen. Sieh, mein Herz verlangt nach dir, ist im Schnee gefangen. Nimm mich in den rechten Arm, halt mich fest und halt mich warm. Schenk mir einen geliebten Kuss, weil ich Abschied nehmen muss.

GM
So ist es, lieber Schneemann. Komm, lass dich noch einmal umarmen.

Sch
Alles Gute für dich, Marie. Wir sehen uns bestimmt wieder.

GM
Das wäre schön.

*(sie läuft davon, **FrH** und **Sch** winken ihr nach)*

Er
Als Goldmarie zu Hause ankam, wurde sie vom Kätzchen und vom Hahn freudig begrüßt. "Kikeriki, Kikeriki, die Goldmarie ist wieder hie" schallte es durchs ganze Dorf und alle freuten sich. Nur die böse Stiefmutter und die Stiefschwester nicht. Voller Neid und Goldgier wollten sie wissen, wie Goldmarie zu ihrem Reichtum gekommen war. Die Stiefschwester wollte Gleiches tun, stach sich in den Finger, sprang in den Brunnen und kam schließlich zu Frau Holle. Dort sollte sie ihr blaues Wunder erleben.

Vierte Szene:

Pechmarie im Dienste der Frau Holle

PM *(liegt auf der Wiese, schläft fest und schnarcht)*

Ba *(ruft)*
Zieh mich heraus, zieh mich heraus, sonst verbrennen wir. Wir sind alle ausgebacken!

PM *(schnarcht weiter)*

Apf *(ruft)*
Schüttle mich, schüttle mich! Meine Äpfel sind alle reif.

PM *(schläft weiter)*

Ba und **Apf** *(rufen zusammen)*

PM *(richtet sich wütend auf)*
Donnerwetter! Mich so unsanft zu wecken, wo ich doch gerade so schön geträumt habe.

Ba und **Apf** *(rufen wieder zusammen)*
Zieh mich heraus! Schüttle mich!

PM *(steht auf)*
Ich komme ja schon. So ruft doch nicht alle durcheinander. Nun weiß ich gar nicht, soll ich zuerst die Äpfel herausziehen und dann die Brote schütteln oder erst die Brote schütteln und dann die Äpfel herausziehen?

Ba *(lacht)*
Ha, ha, ha, wie ist die dumm!

PM
Lach nicht so blöd, du dummer Backofen. Sag mir lieber, was ich machen soll.

Ba
Zieh die Brote heraus!

PM
Das könnte dir so passen, du frecher Ofen. Ich will mir doch nicht die Finger verbrennen.

(fasst den Ofen an)

Aua, aua!

Ba *(lacht)*

PM
Ich geh lieber zum Apfelbaum.

Apf *(ruft wieder)*

PM *(betrachtet den Baum)*
Die vielen Äpfel soll ich schütteln? Nein, das mach ich nicht. Da fällt mir noch einer auf den Kopf, und mein Verstand geht verloren. Da geh ich lieber zu Frau Holle.

(geht zu FrH)

Liebe Frau Holle, der blöde Apfelbaum und der dumme Backofen haben mich aufgehalten, sonst wär ich schon früher zu Euch gekommen.

FrH
Sachte, sachte, mein Kind. Nicht so hitzig. Weißt du denn nicht, dass man erst einmal ganz höflich Guten Tag sagt, wenn man einem Menschen begegnet?

PM *(macht einen Knicks)*
Guten Tag.

FrH
So ist es recht. Und was möchtest du bei mir?

PM
Liebe Frau Holle, ich möchte in Euren Dienst treten und arbeiten.

FrH *(überlegt)*
So, so, arbeiten möchtest du. Nein, nein, ich kann dich nicht gebrauchen. Du hast die Brote nicht herausgezogen, du hast die Äpfel nicht geschüttelt und spinnen wolltest du auch nicht. Geh nur wieder heim, du taugst nicht zur Arbeit.

PM *(bettelt)*
Oh nein, bloß nicht. Bitte Frau Holle, schickt mich nicht weg. Ich will mich bessern und ganz, ganz fleißig sein.

FrH *(überlegt)*
Nun gut, ich will es mit dir versuchen. Du kannst hierbleiben. Und wenn du fleißig bist, sollst du auch deinen Lohn bekommen.

PM
Oh fein! Danke, gute Frau. Sagt mir nun, was soll ich tun?

FrH
Also: Das Wichtigste in meinem Haus sind die Betten.

PM *(freudig)*
Wunderbar. Mit Betten kenn ich mich aus.

FrH
Das glaub ich dir. Aber die Betten sind nicht zum Schlafen gemacht. Du musst sie kräftig schütteln. Dann schneit es auf der Erde und die Kinder freuen sich. Soll ich es dir zeigen?

PM
Nein, nein, das kann ich schon.

FrH
Nun gut, hör zu! Dieses Bett musst du in der Sonne bleichen und das andere in der Wanne waschen.

PM
Gewaschen hab ich noch nie, das hat sonst immer die Marie gemacht. Aber der Schneemann kann mir helfen.

FrH
Das geht nicht. Der Schneemann hat sich in einen schönen Prinzen verwandelt. Er ist unterwegs zur Goldmarie und will sie auf sein Schloss holen.

PM *(enttäuscht)*
Oh, wie schade! Oh, wie ungerecht!

FrH
So, nun haben wir aber genug geredet. Geh an die Arbeit!

PM
Aber erst muss ich essen, ich habe großen Hunger.

FrH
Du hättest Brot und Äpfel essen können. Jetzt geh an die Arbeit, ich lasse dich allein.

PM
Na, das kann ja anstrengend werden.
(schaut auf die Betten)
Ach, es kann ja wohl nicht schaden, wenn ich mich erst ein wenig ausruhe.

(legt sich hin)

Wunderbar, so schön weich und kuschelig. Hier werd' ich ein wenig ausruhen. Dann überleg ich mir, was ich zuerst machen könnte.
(schläft ein und schnarcht)

FrH *(hat sie kopfschüttelnd beobachtet)*
Na sowas! So hab ich mir das nicht vorgestellt. Nennst du das arbeiten?

PM *(erwacht, stottert)*
Aber ... aber ... ich ... ich ... habe doch ...

FrH
Nichts hast du gemacht, aber auch gar nichts. Geh nur wieder heim, du taugst nicht zur Arbeit.

PM
Liebe Frau Holle, ich bin so weit gelaufen. Bekomme ich auch meinen Lohn?

FrH
Ja, den sollst du haben. Geh durch dieses Tor!

PM *(geht, ein schwarzer Umhang fällt über sie herab, sie erschrickt)*
Oh Schreck! Was ist geschehen? Das ist doch kein Gold!

FrH
Nein, es ist schwarzes Pech. Solange du lebst, sollst du damit herumlaufen, weil du so faul gewesen bist.

PM *(jammert, will das Kleid ausziehen)*

FrH
Gib dir keine Mühe. Das Kleid wird an dir hängenbleiben. Und nun geh nach Hause!

KOHL VERLAG GRIMMS MÄRCHEN ... lesen, spielen, bearbeiten – Bestell-Nr. 12 022

<u>Fünfte Szene</u>:

Die Heimkehr der Pechmarie

Ha
Kikeriki, die Pechmarie ist wieder hie!

St und **GM** *(kommen gelaufen)*

St *(entsetzt)*
Mein armes Kind, du siehst ja furchtbar aus. Warum hast du denn kein goldenes Kleid bekommen?

GM
Bestimmt hat sie nicht alles so gemacht, wie Frau Holle es verlangt hat.

PM
Schweig still, ich bin nicht schuld.

St
Geh ins Haus, du vorlautes Ding!

Pr *(kommt)*
Guten Tag meine Damen, wer von euch ist die Marie?

PM *(freudig)*
Ich, hoher Herr.

Pr
Nein, nein, ich meine die Goldmarie.

GM
Das bin ich, und wer seid ihr?

Pr
Marie, ich war der Schneemann. Deine Liebe hat mich in einen Prinzen verwandelt. Willst du mich heiraten?

GM *(freudig)*
Was für eine Freude! Ich will gern Eure Gemahlin sein, denn jetzt weiß ich, dass Ihr nicht nur reich seid, sondern auch von Herzen gut.

Pr
Komm Marie, wir fahren auf mein Schloss und bereiten die Hochzeit vor.

St und **PM** *(laufen wütend ins Haus)*

PM *(weinerlich)*
So eine Frechheit, so eine Gemeinheit!

Er
So hat auch dieses Märchen ein gutes Ende:
Das Gute wird belohnt und die böse Stiefmutter und die faule Pechmarie erhalten ihre gerechte Strafe.

3 Frau Holle

EA **Aufgabe 1:** **a)** *Lies das folgende Gespräch.*
b) *Worüber unterhalten sich Hahn und Kätzchen?*
c) *Führe die Gedanken des Hahns mit drei bis vier Sätzen weiter.*

Ha: „Kikeriki, du arme Marie! Nun ist sie schon drei Stunden auf den Beinen und darf immer noch nicht frühstücken. So eine Gemeinheit!"

Kä: „Da habt Ihr Recht, Herr Hahn. Nun soll sie auch noch die Stube fegen, Holz hacken und Wäsche aufhängen. Das arme Mädchen kann einem leidtun. An ihrer Stelle würde ich weglaufen, miau, miau."

Ha: Liebes Kätzchen, weglaufen kann nicht die Lösung sein. Da habe ich große Bedenken. Denn ...

____

____

____

EA **Aufgabe 2:** *Warum macht der Goldmarie die Arbeit bei Frau Holle viel mehr Spaß als zu Hause?*

____

____

EA **Aufgabe 3:** *Beweise, dass im Hause der Frau Holle Teamarbeit geleistet wird.*

____

____

Aufgabe 4: *Die Mutter liest ihrer leiblichen Tochter jeden Wunsch von den Lippen ab. Möchtest du selber solch eine Mutter haben? Begründe deine Meinung. Ja/Nein, weil ...*

____

____

EA **Aufgabe 5:** *Welche Aufgaben verrichtet die Goldmarie?*

bei der Stiefmutter: ______________________________

____

auf der Blumenwiese: ______________________________

bei Frau Holle: ______________________________

EA **Aufgabe 6:** *Wie wird bei dir zu Hause die Arbeit organisiert, dass niemand überlastet ist? Wer verrichtet welche Arbeiten?*

Vater: ______________________________

____

Mutter: ______________________________

____

du selbst: ______________________________

deine Geschwister: ______________________________

KOHL VERLAG GRIMMS MÄRCHEN ... lesen, spielen, bearbeiten – Bestell-Nr. 12 022

EA **Aufgabe 7:** *Zeichne die Goldmarie bei einer ihrer Arbeiten.*

EA **Aufgabe 8:** *Warum wollte Frau Holle die Pechmarie nicht in ihren Dienst nehmen? Lies den folgenden Dialog und unterstreiche die zutreffende Begründung.*

PM: „Liebe Frau Holle, ich möchte in Euren Dienst treten und arbeiten."

FrH: „Nein, ich kann dich nicht gebrauchen. Du bist zu klein und nicht kräftig genug. Außerdem: Du hast die Brote nicht aus dem Backofen gezogen, du hast die Äpfel nicht geschüttelt, und spinnen wolltest du auch nicht."

EA **Aufgabe 9:**

a) *Warum möchte die Goldmarie wieder nach Hause, obwohl sie es bei Frau Holle sehr viel besser hat? Lies dazu die dritte Szene.*

b) *Finde die richtige Stelle, die dir die Antwort verrät und kreuze sie an.*

c) *Formuliere nun die Antwort mit deinen eigenen Worten in drei bis fünf Sätzen.*

EA **Aufgabe 10:** *Ordne folgende Eigenschaften den Personen zu und trage sie in die Tabelle ein.*

bescheiden • unzufrieden • patzig • tierlieb • freundlich • garstig • launisch • fröhlich • bequem • unfreundlich • dankbar • geschickt • dumm • faul • pflichtbewusst • verwöhnt • frech • höflich • folgsam • schlechte Manieren • verhätschelt • fleißig • uneinsichtig • arbeitsam

Goldmarie	Pechmarie

EA **Aufgabe 11:** *Welche Ausreden hat die Pechmarie, um bei Frau Holle nicht arbeiten zu müssen? Lies dazu die vierte Szene ab Seite 44 und beantworte die Frage.*

Lehrerinfo

Rapunzel – Märchenspiel frei nach Brüder Grimm

Handlung

Im Garten einer bösen Zauberin wachsen heilsame Rapunzelpflänzchen. Sie retten ihre totkranke Nachbarin. Als Preis dafür holt sich die Zauberin das neugeborene Kind der Nachbarsfrau namens Rapunzel. Rapunzel wächst bei ihrer Stiefmutter ohne Not heran und ist trotzdem nicht glücklich. Denn die Alte ist eine Menschenhasserin, verlangt unbedingten Gehorsam und verbietet dem Kind jeglichen Kontakt mit den Leuten. Als sie das Mädchen beim Spielen mit den Nachbarskindern erwischt, wird Rapunzel hart bestraft und in einem hohen Turm eingesperrt. Nur die Zauberin gelangt über den Zopf des Mädchens in den Turm.
Eines Tages erscheint ein edler Prinz und will das schöne Mädchen befreien.
In einer romantischen Nacht schmieden die Verliebten einen Fluchtplan. Doch die böse Zauberin vereitelt das Vorhaben, schickt Rapunzel in die Wüstenei und lässt den Prinzen vom Turm stürzen. Unverletzt irrt er durch den dunklen Wald, um seine Rapunzel zu finden. Vier kleine Glühwürmchen führen ihn ins Glück.

Figuren: **14 Schauspieler und 1 Kätzchen als Erzähler**

Rapunzel	– R
Prinz	– Pr
Vater	– V
Mutter	– M
Alte	A
1. Kind	– 1. Ki
2. Kind	– 2. Ki
Kätzchen	– K
1. Zwillingskind	– 1. Zw
2. Zwillingskind	– 2. Zw
4 Glühwürmchen	– Gl

Bühnenbildvorschläge zu „Rapunzel“

Hintergrund für alle Szenen:
Märchentannenwaldkulisse, davor Häuschen wie bei Rotkäppchen, davor kleine Holzbank, Turm (aus Pappkarton, hinten offen, innen eine Trittleiter)

Requisiten für die 1. und 2. Szene:
kleiner Zaun, dahinter gebastelte Blumen und grüne Pflanzen, alter Kinderwagen, Babypuppe, Taufkleid, Weidenkorb, echte Rapunzel (Feldsalat)

Requisiten für die 3. Szene:
2 Schulranzen, Seifenblasenzubehör, Spielsachen, Zauberstab, langer Zopf aus gelben Stoffstreifen

Requisiten für die 4. Szene: Kochtopf, 1 Ei, 1 Spinne

Requisiten für die 5. Szene: Mond, 1 große Erdbeere, Sonne

Requisiten für die 6. und 7. Szene:
Mond, Lichterketten oder kleine Lämpchen für die Glühwürmchen, 1 Weidenkörbchen, Kienäppel

KOHL VERLAG GRIMMS MÄRCHEN ... lesen, spielen, bearbeiten – Bestell-Nr. 12 022

Erste Szene:

Die Alte beginnt ihren Morgenspaziergang und wird von den Dorfkindern beschimpft.

1.u.2.Ki *(singen)*
Eins und Fünf sind Sechse, du bist 'ne alte Hexe. Eins und Fünf und Vier sind Zehn, die Hexe soll zum Teufel geh`n!! Huuuuuuuh!

V (kommt schimpfend aus dem Haus)
Ihr verflixten Lausebengel! Macht, dass ihr wegkommt, und lasst die alte Frau in Ruhe. Sie hat euch doch nichts getan.

(1. und 2. Kind laufen weg.)

M (aufgebracht)
Mann, was ist denn los? So ein Krach am frühen Morgen.

V
Ach, die Dorfkinder haben schon wieder unsere Nachbarin geärgert. Sie denken, sie ist eine Hexe.

M
Lieber Mann, die sieht aber auch zum Fürchten aus mit ihrer krummen Nase. Vielleicht ist sie wirklich eine Hexe.

V *(vorwurfsvoll)*
Aber Charlotte, das ist doch Unsinn! Glaub` nur nicht alles, was die Leute reden. Schau` nur, hat unsere Nachbarin nicht einen wunderschönen Garten?

M
Da hast du recht. Ihre Blumen und Kräuter sind eine wahre Pracht. Sag` mal, was sind das dort für kräftige grüne Pflanzen? Die kenne ich gar nicht.

V
Das sind Rapunzel. Die schmecken vorzüglich, besonders als Salat zubereitet.

M
Mmmh, die seh`n aber auch appetitlich aus. Da möcht` ich gleich davon probieren.

V *(vorwurfsvoll)*
Aber Charlotte! Was hast du nur für einen sonderbaren Appetit seitdem du schwanger bist. Gestern wolltest du Süßes, in der Nacht Saures, und nun willst du Rapunzel aus Nachbars Garten. Warte, bis die Alte von ihrem Morgenspaziergang zurückkommt. Dann will ich sie darum bitten.

M *(aufgeregt)*
Nein, das geht nicht. So lange kann ich nicht warten. Mir läuft schon das Wasser im Munde zusammen.

V
Oje oje! Jetzt bekommt sie wieder so eine Heißhungerattacke. Wenn das nur gut geht ...

M
Mann, red` nicht so viel. Hier, nimm den Korb, steig` über den Zaun und bring` mir ganz schnell Rapunzel. Beeil dich, sonst muss ich sterben.

V
Um Gottes Willen, Frau, sei tapfer. Lauf` schnell ins Haus und mach` schon mal die Salatsoße. Ich bin gleich wieder bei dir.

(Er steigt über den Zaun und pflückt Rapunzel.)

A *(humpelt herbei, bleibt verwundert stehen)*
Ei, ei, ei! Nun sieh mal einer an, ein ganz gemeiner Dieb in meinem Garten. He, Herr Nachbar, was fällt Euch ein, meine Rapunzel zu stehlen?

V
Gute Frau, verzeiht. Ich habe es in der Not getan. Meine schwangere Frau muss vor Heißhunger sterben, wenn sie keine Rapunzel bekommt.

A *(freudig erstaunt)*
Ach, Eure Frau bekommt ein Kindlein? Ein Kindlein klein, ganz zart und fein!

(zum Publikum)

Ich wollt, es wäre mein.

V
Was habt Ihr da eben gesagt, Frau Nachbarin?

A
Nun, Ihr könnt so viel Rapunzel haben, wie Ihr wollt. Aber: Ihr müsst mir Euer Kind dafür geben. Versprecht es mir.

V
Na so was, das kann ja wohl nur ein Scherz sein.

A
Versprecht es mir!

V
Nun gut, ich verspreche es.

KOHL VERLAG GRIMMS MÄRCHEN ... lesen, spielen, bearbeiten – Bestell-Nr. 12 022

A
So ist es recht, und grüßt Eure Frau, sie wird bald wieder gesund sein.

V *(läuft mit dem gefüllten Korb ins Haus)*

A *(freudig zum Publikum)*
Ha, das wird ein guter Tausch. Bald werde ich ein Kindlein haben. Dann bin ich endlich nicht mehr so allein.

K *(als Erzähler)*
Die Rapunzel wirkten wie ein Wundermittel. Die Frau wurde gesund und brachte ein Mädchen zur Welt. Miau mio, das macht mich froh.

Zweite Szene:

V *(schiebt den Kinderwagen, spricht zum Publikum)*
Guten Tag, ich bin der glücklichste Vater auf der ganzen Welt und fahre unser Töchterchen spazieren. Rapunzel soll es heißen, und bald wird es getauft.

M *(sitzt auf der Bank vor dem Haus mit dem Taufkleid, ruft)*
Mann, komm` schnell herbei. Das Taufkleidchen ist fertig. Ich will es dir zeigen.
Und stell` den Wagen in den Schatten. Die Kleine kann noch ein Weilchen schlafen.

(Vater und Mutter bestaunen das Taufkleid)

M
Ach, wie bin froh. Nun sind wir eine glückliche Familie.

A
Guten Tag allerseits.

M
Guten Tag Frau Nachbarin, was verschafft uns die Ehre? Wollt Ihr unser Kind beschauen?

A *(lacht)*
Ha, nur anschauen? Nein, das reicht mir nicht. Mitnehmen will ich es.

V *(entsetzt)*
Aber Frau Nachbarin, das kann doch nicht Euer Ernst sein.

A
Aber natürlich. Habt Ihr denn vergessen, was Ihr mir versprochen habt?

M *(erschrocken)*
Mein Gott, was hast du ihr denn versprochen?

V
Liebe Frau, verzeih`. Ich habe es in der Not getan. Für die Rapunzel musste ich ihr unser Kind versprechen.

A
Ganz recht, so ist es.

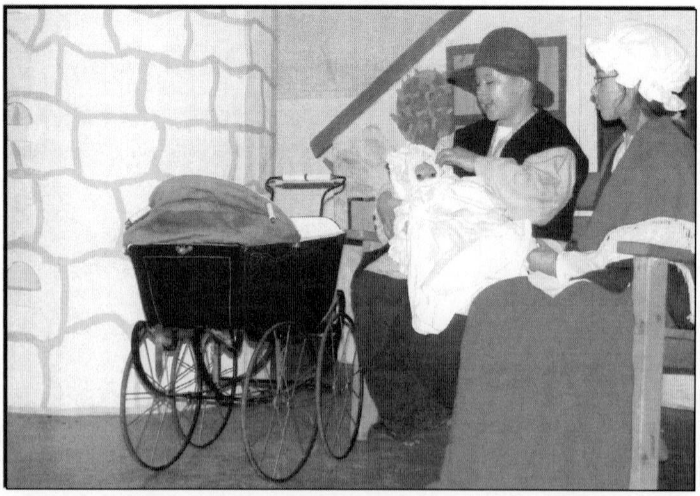

M *(flehend)*
Aber Frau Nachbarin, so herzlos könnt Ihr doch nicht sein. Bitte erbarmt Euch und lasst uns unser Kind!

A *(entschlossen)*
Hört auf zu jammern. Das lässt mich ganz kalt, und seid Ihr nicht willig, dann brauch` ich Gewalt.

(Alte läuft zum Kinderwagen, nimmt das Kind heraus und trägt es weg.)

V und **M** *(erschrocken)*
Frau, du hattest recht, sie ist wirklich eine Hexe und steht mit dem Teufel im Bunde.

M
Komm` schnell weg von diesem bösen Ort, sonst verhext sie uns auch noch. Unser Kind kriegen wir sowieso nicht wieder.

(Vater und Mutter laufen weg.)

A *(zeigt sich freudig mit dem Kind auf dem Arm)*
Liebes Kind, du musst nicht weinen. Du wirst es gut bei mir haben. Ich werde dich hegen und pflegen wie ein zartes Pflänzchen und aufziehen ganz in meinem Sinne, denn jetzt gehörst du mir, mir ganz allein.

KOHL VERLAG GRIMMS MÄRCHEN ... lesen, spielen, bearbeiten – Bestell-Nr. 12 022

Dritte Szene:

K *(als Erzähler)*
Jahre vergingen, und Rapunzel wuchs heran. Die Alte kümmerte sich fürsorglich um das Mädchen, doch Rapunzel war trotzdem nicht glücklich. Miau mio, das schmerzt mich so.

1. und 2. Ki *(singend, auf dem Weg zur Schule)*
Rote Kirschen ess` ich gern, schwarze noch viel lieber. In die Schule geh` ich gern, Ferien sind mir lieber.

1. Ki
Hey Rapunzel, komm` mit zur Schule. Auf der Eselsbank ist noch ein Platz für dich frei.

R
Von wegen. Ich bin kein dummer Esel und kann vielleicht besser lesen und schreiben als ihr. Das hat mir meine Mutter schon längst beigebracht.

2. Ki
Das glaub` ich nicht. Von der alten Hexe kommt doch nichts Gutes.

(laufen weiter)

R
Ach, wie gerne würde ich zur Schule gehen. Dann könnte ich es ihnen beweisen. Aber meine Mutter lässt mich ja nicht. Ach, wie schade.

(Sie beschäftigt sich mit ihren Spielsachen und langweilt sich. Dann macht sie große Seifenblasen.)

1. und 2. Ki *(kommen aus der Schule zurück, beobachten **R**)*
Schau` mal, die kann aber große Seifenblasen machen.

2. Ki *(staunt)*

Und was sie für einen schönen langen Zopf hat. Ob der wohl echt ist?

1. Ki
Du kannst sie ja mal fragen.

2. Ki

Hey Rapunzel, ist dein langer Zopf echt?

R
Du kannst ja mal dran ziehen, dann wirst du es merken. Komm nur her.

2. Ki
Um Himmels Willen. Ich werd` mich hüten. Die alte Hexe könnte mich zum Teufel jagen.

R
Meine Mutter ist keine Hexe, sie ist eine Zauberin.

1. Ki
Oh, was kann sie denn alles so zaubern?

R
In der Küche zaubert sie die köstlichsten Speisen. Und im Garten lässt sie prächtige Blumen und heilsame Kräuter wachsen.

2. Ki
Ja, das sieht man. Sag mal, hat deine Mutter auch ein Zaubermittel für ganz große Seifenblasen?

R
Aber natürlich. Mit der selbst gemachten Kernseife kann man ganz, ganz große Seifenblasen machen. Das habt ihr ja gesehen.

1. Ki
Bitte Rapunzel, hol` uns ein Stück Kernseife.

R
Das geht jetzt nicht. Sie könnte uns überraschen. Und dann ist wirklich der Teufel los. Lauft schnell weg, ich höre sie schon kommen.

(Kinder laufen weg)

A *(hat die drei schon beobachtet und schimpft)*
Zum Donnerwetter, hab` ich dich schon wieder bei den Dorfgören erwischt?
Du ungehorsames Kind, merke dir: Im Haus und Garten kannst du dich frei bewegen, aber nur bis zum Zaun. Und lass` dich auf keine Gespräche ein

R
Mutter, warum darf ich nicht mit den Kindern spielen? Und warum darf ich nicht zur Schule gehen?

A
Rapunzel, die Menschen sind schlecht: Sie machen Kriege, und alte Kräuterfrauen werden beschimpft und sogar auf dem Scheiterhaufen verbrannt.

R
Aber die Kinder sind doch nicht böse.

A
Rapunzel, hör` auf zu debattieren. Sei folgsam, sonst muss ich dich hart bestrafen! Und nun störe mich nicht bei der Mittagsruhe! *(Alte entfernt sich)*

(Kinder schleichen wieder herbei)

1. Ki
Rapunzel, kannst du jetzt die Kernseife holen?

R
Nein, das geht nicht. Sie könnte mich erwischen. Ihr könnt aber meine Seifenlauge haben.

2. Ki
Oh fein, da können wir gleich alle drei zusammen Seifenblasen machen.
(alle drei erfreuen sich beim Seifenblasen machen, vergessen die Alte, werden vor Freude immer lauter, sodass die Alte aufwacht)

A (überrascht sie und kommt mit dem Zauberstab)
So eine Frechheit! Das kann doch wohl nicht wahr sein. Zum Teufel mit euch, ihr verfluchten Gören. Macht, dass ihr wegkommt!
(Kinder laufen weg, Rapunzel steht starr vor Schreck)

A
Du undankbares Geschöpf, du falsches Luder. Mich so zu betrügen. War ich nicht wie eine Mutter zu dir? Hätten wir nicht gut miteinander leben können?
Aber nein: Du wolltest ja nicht hören. Und wer nicht hören will, muss fühlen.

R *(weinerlich flehend)*
Oh Gott, ich ahne Schlimmes. Bitte verschont mich, ich habe solche Angst.

A
Abrakadabra – da hilft kein Flehen, du wirst der Strafe nicht entgehen.

R
Um Himmels Willen, ich muss fliehen.

(Rapunzel läuft hinter den Turm und versteckt sich.)

A *(mit erhobenem Zauberstab)*
Die verfluchte Menschenbrut schürt den Hass und meine Wut. Lauf` nur weg,
du Erdenwurm. Ich zaubere dich in diesen Turm!

(Rapunzel taucht oben im Turm auf)

R
Oh Schreck, ich bin eingesperrt. Keine Treppe, keine Tür. Hier komm` ich ja nie wieder raus.

A
Das sollst du auch nicht. Ein Leben lang wirst du da oben bleiben.

R *(fleht weinerlich)*
Oh Gott, oh Gott, das kann doch nicht Euer Ernst sein. Habt Erbarmen!

A
Nichts da! Spar` dir deine Worte und gib Ruhe. Ich geh` jetzt ins Haus,
und du kannst über deine Schandtaten nachdenken.

(Rapunzel weint laut schluchzend)

Vierte Szene:

K als Erzähler *(singt)*
Rapunzel sitzt weinend im Turme. Miau miau, mio. Ganz traurig und alleine, das macht mich gar nicht froh. Die bitterböse Alte, die hat ein Herz aus Stein, sie lässt sich nicht erweichen, wie kann man nur so sein?

(Prinz kommt langsam heran und schaut zum Turm hinauf)

K *(singt weiter)*
Da kommt aus einem Schlosse ein schöner Prinz daher. Der möcht` Rapunzel zum Weibe nehmen, doch das ist furchtbar schwer.

K *(spricht zum Prinzen)*
Guten Tag, edler Herr. Wollt Ihr etwa Rapunzel befreien?

P
Ganz recht, liebes Kätzchen. Wenn ich nur wüsste, wie ich in diesen Turm hinein komme.

K
Versteckt Euch ganz schnell, dann könnt Ihr alles beobachten.
(Prinz versteckt sich)

A *(kommt mit Kochtopf und einem Ei)*
Lirum, larum eins, zwei, drei, fertig ist das Zauber-Ei. Läuseblut und Spinnebein soll ihr Mittagessen sein.

(Alte hebt fette Spinne hoch und ruft)

Rapunzel, Rapunzel, lass` mir dein Haar herunter, an deinem Zopf will ich hinauf klettern.

R
Ach herrje, ich bin so schwach und werde Euch nicht halten können.

KOHL VERLAG GRIMMS MÄRCHEN ... lesen, spielen, bearbeiten – Bestell-Nr. 12 022

A
Drum bringe ich dir auch was zu essen. Beeil` dich!

(Rapunzel lässt den Zopf herunter, Alte klettert hoch, hat den Topf am Gürtel. Beide sind oben im Turm.)

A
So, hier ist dein Mittagessen, guten Appetit.
(Rapunzel schaut in den Topf, erschrickt und spricht wütend)

R
Pfui Deiwel, Läuseblut und Spinnebein soll mein Mittagessen sein? Igittegitt!
Das will ich nicht, das könnt Ihr selber essen.
(Rapunzel schüttet der Alten das Essen ins Gesicht.)

A *(wütend)*
Du freches Biest, du Ferkel, hast mich bekleckert. Das sollst du mir büßen.
Lirum, larum Zaubertrick, die Spinne sitzt dir im Genick.
(Alte setzt ihr die Spinne in den Nacken.)

R
Eine Spinne, Iiiih, ist das eklig!
(Rapunzel schmeißt die Spinne zu Boden)

A
So was machst du nicht nochmal mit mir. Das soll dir eine Lehre sein. Und nun lass deinen Zopf herunter und lass mich wieder runter klettern.

(Die Alte klettert herunter und verschwindet.)

P *(kommt aus dem Versteck)*
Gott sei Dank, sie ist weg. Nun muss ich Rapunzel befreien. Ihr Zopf ist die Leiter zu meinem Glück.
K
Nein nein, erst in der Nacht, wenn der Mond ganz oben steht. Wartet, ich werde Euch ein Zeichen geben.

P
Nun gut, ich warte und vielen Dank für deine Hilfe liebes Kätzchen.

K
Ist schon gut, seid nun still und versteckt Euch wieder.

(Prinz versteckt sich, Rapunzel bleibt allein zurück.)

R *(schaut vom Turm herunter)*
Ach es hilft nichts, Trübsal zu blasen. Ich muss mich wohl mit meiner Lage abfinden und darf die böse Zauberin nicht mehr erzürnen, denn sie ist die Stärkere und hat mich in ihrer Gewalt. Ich werde ein wenig schlafen.

Fünfte Szene:

(Es wird Nacht, der Mond steigt hinter den Bäumen auf.)

R *(singt)*
Der Mond ist aufgegangen, die goldnen Sternlein prangen am Himmel hell und klar. Der Wald steht schwarz und schweiget und aus den Wiesen steiget der weiße Nebel wunderbar.

K *(in Richtung Prinzenversteck)*
Miau, miau, nun wird es Zeit, die Luft ist rein, macht Euch bereit.

P *(kommt aus dem Versteck)*
War das ein schöner Gesang. So eine feine Stimme habe ich noch nie gehört. Wie muss es erst sein, wenn ich ihr ins Antlitz schauen kann?
(schwärmt zum Publikum)

Genug der Schwärmerei, nun muss ich handeln.

(Prinz stellt sich unter den Turm und ruft hinauf)
Rapunzel, Rapunzel, lass mir dein Haar herunter.

R *(lässt Zopf runter, Prinz klettert hoch)*
Oh Schreck ein Mannsbild, jetzt bin ich verloren.

P
Aber nein, hab` keine Angst. Ich tu` dir nichts zuleide. Hier nimm, ich habe dir ein paar Walderdbeeren mitgebracht.

(Rapunzel zögert ängstlich)

P
Greif` nur zu und lass es dir schmecken. Ich will dich nicht vergiften.

R *(genießt die Früchte)*
Danke, edler Herr. Wer seid Ihr überhaupt?

P
Verzeih`, vor lauter Liebe vergaß ich glatt, mich vorzustellen. *(verneigt sich)* Gestatten, Prinz Ferdinand von Hohenlohe.

(Bestaunt sie schwärmerisch)
Rapunzel, du bist noch schöner, als ich es mir vorgestellt habe. Was hast du doch für leuchtend blaue Augen! Wie lieblich ist dein roter Mund! Und dann der lange blonde Zopf – fein gesponnen wie Gold glänzen deine Haare im Mondenschein! Rapunzel, du hast mein Herz gerührt, willst du mich heiraten?

R
Schöner Herr, ich kann mein Glück noch gar nicht fassen, und wenn Ihr es ehrlich mit mir meint, so will ich Euch gerne heiraten. – Doch es wird nicht gehen.

P
Aber warum denn nicht?

R
Bedenkt: Wie soll ich denn hier runter kommen? Ich kann doch nicht an meinem eigenen Zopf herunter klettern.

KOHL VERLAG GRIMMS MÄRCHEN ... lesen, spielen, bearbeiten – Bestell-Nr. 12 022

P
Da hast du recht. Wir müssen uns was überlegen.

R *(überlegt)*
Ich hab`s. Habt Ihr ein Messer dabei? Dann schneidet den Zopf ab, er wird wieder nachwachsen.

P
Auf keinen Fall, ich werde dich doch nicht verschandeln. Gedulde dich, ich werde noch einmal wiederkommen und einen langen seidenen Schal mitbringen. Den knüpfen wir hier oben fest und können beide daran herunter rutschen.

R
Das ist eine gute Idee, ich bin schon ganz aufgeregt.

P
Na gut, dann haben wir ja alles besprochen. Und jetzt haben wir noch viel Zeit füreinander. Komm`, lass` dich herzen und küssen. Bis zum Morgengrauen wird uns niemand stören.

R
Ach Liebster, in deinen Armen werde ich glücklich sein.

(Prinz und Rapunzel herzen und küssen sich, Mond verschwindet, Sonne steigt auf)

K
Miau, miau, jetzt wird es Zeit, ihr müsst nun geh`n, macht euch bereit!

P *(zu **R**)*
Rapunzel, der Kuckuck ruft, der Morgen graut. Ich muss mich jetzt von dir verabschieden.

R
Ach, mein Geliebter, wie werde ich traurig sein.

P
Sei tapfer, mein Schatz. Ich bin ja bald wieder da. Küsschen und auf Wiedersehen.

(Prinz entfernt sich)

<u>Sechste Szene</u>:

(Es ist Morgen, die Alte bringt das Frühstück, kommt mit Henkeltopf und Ei.)

A
Lirum, larum, eins, zwei, drei, fertig ist das Frühstücksei. Guten Morgen Rapunzel, ich bringe dir dein Frühstück.

R
Da bin ich aber gar nicht erpicht, bestimmt gibt`s wieder Läuseblut mit Spinnebein.

A
Aber nein, heute bekommst du ganz was Gutes. Lass` mal schon deinen Zopf herunter.

R *(lässt den Zopf herunter)*
Na, da bin ich ja gespannt.

A *(zum Publikum)*
Fliegendreck und Krötenschleim soll ihr Frühstücksessen sein. Hihihihihi.

(Kätzchen kommt wütend angesprungen)

K
Miau, miau, du alte Sau! Sowas kann ein Mensch nicht essen, nicht mal Katzen woll`n das fressen.

A *(droht mit dem Zauberstab)*
Hau ab, du freches Katzenvieh!

(Kätzchen muss plötzlich hinken)

K *(klagt)*
Miau, miau, jetzt hat sie mir einen Wadenkrampf ans Bein gezaubert. *(hinkt weg)*

A *(geht zum Turm, zu **R**)*
So, nun zieh` mich hoch!

R
Mein Gott, was seid Ihr bloß schwer! Wie ein Klotz hängt Ihr an meinem Zopfe. Wenn der junge Prinz nach oben steigt, geht es ganz leicht und viel schneller.
(Zum Publikum)
Oje, jetzt hab` ich mich verplappert.

A *(wütend)*
Was hör` ich da? Das kann doch wohl nicht wahr sein. Du liederliches Flittchen, hast dich mit einem Kerl eingelassen. Na warte, das sollst du mir büßen:
Deine Lust und Liebelei treiben mich zur Raserei. Deinen Zopf mach` ich zunichte, eine Schere soll es richten.

(Sie schneidet den Zopf ab.)

KOHL VERLAG GRIMMS MÄRCHEN ... lesen, spielen, bearbeiten – Bestell-Nr. 12 022

R *(weint)*
Oh Gott, oh Gott, was soll nur werden? Unser Glück ist verloren.

A
Und nun mach`, dass du wegkommst. Ich will dich hier nicht mehr sehen.

(Hebt den Zauberstab und spricht beschwörend)

Hokuspokus, eins, zwei, drei, verschwinde in die Wüstenei!

Siebte Szene:

K *(als Erzähler)*
In der Nacht kam der Prinz und wollte seine Geliebte holen. Er ahnte ja nicht, was geschehen war und lief in sein Unglück.
(Sonne weg, Mond steigt auf)

A *(befestigt den Zopf oben am Turm)*
So, nun kann das Mannsbild kommen. Der kann was erleben.

(Alte versteckt sich)

(Prinz kommt heran, Kätzchen freut sich)

K *(singt)*
Stolzer König, bist du wieder. Was ist dein Verlangen? Hast du eine Geliebte hier? Steig` hinauf und nimm sie dir. Nimm sie in den rechten Arm, halt sie fest und halt sie warm. Schenk` ihr einen geliebten Kuss, wenn du Abschied nehmen musst.

P
Liebes Kätzchen, heute gibt es keinen Abschied. Heute nehme ich Rapunzel mit auf mein Schloss.

K
Miau, mio, das macht mich froh!
(Prinz geht zum Turm)

P *(ruft)*
Rapunzel, Rapunzel, lass` deinen Zopf herunter.

A *(lässt den abgeschnittenen Zopf herunter)*
Ja, Geliebter, beeil` dich, ich kann dich kaum erwarten!

P
Ja mein Schatz, ich bin gleich bei dir.
(Steigt hoch und erschrickt beim Anblick der Alten.)
Oh Gott, die Zauberin!

A
Sieh mal an, du willst die Frau Liebste holen. Aber der schöne Vogel sitzt nicht mehr im Nest und singt nicht mehr. Die Katze hat ihn geholt und wird dir auch noch die Augen auskratzen. Für dich ist Rapunzel verloren, du wirst sie nie wieder erblicken. Hihihihi.

P
Oje, oje, oje, oje! Was mach` ich nur?

(Prinz springt vom Turm und landet in einem Heckenrosenbusch. Die Alte lacht höhnisch vom Turm herunter. Der Prinz steht mühsam auf und reibt sich die Augen.)

P
Gott sei Dank, die Knochen sind heil geblieben.
Aber ich kann ja gar nicht richtig sehen. Die Dornen haben mein Augenlicht zerstochen.
Was soll bloß werden? Wie komme ich nur aus dem dunklen Wald heraus?
Und was ist nur aus Rapunzel geworden? Ob ich sie wohl jemals wiedersehe?

Achte Szene:

Gl *(singen nach bekannter Melodie)*
Glühwürmchen, Glühwürmchen glühen, glühen.
Glühwürmchen, Glühwürmchen sprühen,
Können wie die Sternlein funkeln, zeigen dir den Weg im Dunkeln.
Glühwürmchen, Glühwürmchen glühen, glühen.
Glühwürmchen, Glühwürmchen sprühen,
ist der Wald auch noch so dicht,
wir führen dich zum Licht.

1. Gl
Komm schöner Mann und lass dich führen, dann wirst du unsre Wärme spüren. Dann wirst du nicht mehr traurig sein, denn bald bist du daheim.

(Glühwürmchen nehmen den Prinzen in ihre Mitte und führen ihn aus dem Wald heraus.)

R *(sitzt mit ihren Zwillingen am Waldesrand und singt)*
Wenn ich ein Vöglein wär, und auch zwei Flüglein hätt`, flög ich zu dir.
Weil`s aber nicht kann sein, weil`s aber nicht kann sein, bleib` ich halt hier.

1. Zw
Mutter, warum singst du so ein trauriges Lied?

KOHL VERLAG GRIMMS MÄRCHEN ... lesen, spielen, bearbeiten – Bestell-Nr. 12 022

R
Liebes Kind, ich denke an euren Vater.

2. Zw
Und wo ist unser Vater?

R
Das weiß ich nicht. Bestimmt ist er ganz weit weg – vielleicht sogar im Himmel.

1. Zw
Ach Mutter, sei nicht mehr traurig. Du hast doch uns. Komm, lass uns Kienäppel sammeln.

R
Gut Kinder, aber bleibt in der Nähe!
(Die Zwillinge sammeln Kienäppel, die Mutter ebenfalls, aber etwas abseits.)

Pr *(beobachtet die Kinder schon eine Weile, kommt dann heran)*
Guten Tag, liebe Kinder. Warum lauft ihr so allein im Walde herum? Habt ihr denn keinen Vater und keine Mutter?

1. Zw
Einen Vater haben wir nicht, aber unsere Mutter ist ganz in der Nähe.

2. Zw
Heute ist sie ein bisschen traurig, aber wenn wir ihr Kienäppel bringen, wird sie bestimmt wieder fröhlich.

Pr
Sagt mal, wie heißt denn eure Mutter?

1. und 2. Zw
Rapunzel, edler Herr.

Pr
Und hat sie einen langen blonden Zopf?

1. Zw
Ja, einen ganz ganz langen.

Pr *(freudig)*
Dann hab` ich euch endlich gefunden liebe Kinder, ich bin euer Vater.
Welch ein Glück!
Kommt, bringt mich schnell zur Mutter!

(Sie fassen sich an den Händen und laufen fröhlich zu Rapunzel, herzen und küssen sich voller Wiedersehensfreude)

4 Rapunzel

EA **Aufgabe 1:** *Lies die zweite Szene. Erzähle, wie das Glück einer jungen Familie zerstört wird. Schreibe das Wichtigste in einem Satz auf.*

EA **Aufgabe 2:** *Lies folgendes Gespräch zwischen zwei Bäuerinnen (oder zwei Bauern).*

1.B: „Guten Tag, Frau Nachbarin. Ist das nicht eine Gemeinheit, so ein kleines Kind zu stehlen?"

2.B: „Da habt Ihr recht. Aber sie hat es nicht gestohlen. Sie hat es nur eingetauscht."

1.B: „Trotzdem: So etwas tut man doch nicht. Was hat sich die Alte nur dabei gedacht?"

2.B: „Vielleicht wollte sie schon immer ein Kind haben, und weil sie so hässlich ist, hat kein Mann sie haben wollen."

1.B: „Das kann sein. Aber vielleicht hatte die Alte auch Streit mit den Nachbarsleuten und wollte sich rächen."

2.B: „Gute Frau, wir wissen es nicht."

Weißt du es? Schreibe deine Vermutung in wenigen Sätzen auf.
Wähle zwischen folgenden Satzanfängen: Ich vermute ... Ich meine ... Ich glaube ...

EA **Aufgabe 3:** *Suche dir einen Gesprächspartner aus, führe mit ihm das folgende Gespräch, und stell dir vor:*

Jeder hat Mitleid mit der armen Rapunzel, die allein im Turme sitzt und möchte ihr helfen.

Du hast eine gute Idee und möchtest ihr eine Freude bereiten. Welche kleinen Geschenke würdest du an ihren Zopf binden?

EA **Aufgabe 4:** *Lies folgenden Text. Welche Sätze benennen keine typischen Märchenmerkmale? Kreuze sie an.*

a) ❒ Märchen kann man lesen oder spielen.
b) ❒ Man kann sie auch im Kino oder Fernsehen anschauen.
c) ❒ Im Märchen wird das Gute belohnt und das Böse bestraft.
d) ❒ Es werden wahre Geschichten aus der heutigen Zeit erzählt.
e) ❒ Tiere und Dinge können sprechen.

Berichtige Satz **d)** *schriftlich:*

EA

Aufgabe 5: *Aus welchen Märchen der Brüder Grimm stammen folgende Aussprüche? Wer spricht?*

a) „Spieglein, Spieglein an der Wand, wer ist die Schönste im ganzen Land?“

b) „Die Guten ins Töpfchen, die schlechten ins Kröpfchen.“

c) „Macht auf ihr lieben Kinderlein. Euer liebes Mütterlein ist da und hat jedem etwas Schönes mitgebracht.“

d) „Rüttle mich, schüttle mich. Meine Äpfel sind allesamt reif.“

e) „Ich bin so satt, ich mag kein Blatt. Mäh.“

f) „Heute back ich, morgen brau ich, übermorgen hol ich der Königin ihr Kind.“

Spruch	Märchen	Sprecher
a)	„Schneewittchen“	Königin
b)		
c)		
d)		
e)		
f)		

EA

Aufgabe 6: **a)** *Stell dir vor:*
Du hast in dem Märchenspiel „Rapunzel“ die Rolle des Prinzen oder der Rapunzel bekommen. Viele Zuschauer sind gekommen. Oma und Opa fanden leider nur noch einen Platz in der letzten Reihe des Saales. Sie wollen dich aber trotzdem gut hören und sehen.
Was musst du deshalb beim Spielen auf der Bühne beachten?

____

____

b) *Nach der Aufführung hast du viel Lob bekommen, denn allen hat dein wunderschönes Kostüm gefallen. Außerdem hast du den langen Text ohne Hilfe auswendig gesprochen. Man konnte dich auch gut sehen und hören. Trotzdem war die Oma nicht ganz mit dir zufrieden, als sie sagte: „Als Prinz (oder Rapunzel) hättest du ruhig etwas mehr schauspielern können.“* ***Was hat sie damit gemeint?***

____

____

Lehrerinfo

Brüderchen und Schwesterchen – Märchenspiel frei nach Brüder Grimm

Handlung

Brüderchen und Schwesterchen können das jammervolle Dasein bei ihrer bösen Stiefmutter und der garstigen Stiefschwester nicht länger ertragen und flüchten eines Tages in den Wald. Die zornige Stiefmutter entdeckt die beiden und überlegt sich eine harte Strafe: Sie verzaubert das Bächlein und die Quelle, und als das Brüderchen daraus trinkt wird es in ein Reh verwandelt. Beide suchen Unterschlupf in einer Schutzhütte und leben dort, bis zur Jagd geblasen wird. Da beobachtet der König das schöne Mädchen, verliebt sich und nimmt es mit auf sein Schloss. Auch das Rehlein darf fröhlich im Schlossgarten herumspringen. Bald wird Hochzeit gefeiert und darauf ein Knabe geboren. So leben sie voller Freude, bis die Stiefmutter und ihre neidische Tochter von dem jungen Glück erfahren. Als Kammerfrau verkleidet gelangen beide ins Schloss zum Wochenbett der kranken Königin. Sie wird auf mörderische Weise beiseite geschafft, und die hässliche Stiefschwester nimmt deren Stelle als falsche Königin ein. Es dauert lange, bis der König den Schwindel bemerkt. Zur Strafe wird die böse Stiefmutter in den Kerker gesperrt und ihre Tochter in den Wald gejagt. Schwesterchen erholt sich wieder, und das Reh bekommt seine Gestalt zurück. So nimmt alles ein gutes Ende.

Figuren: 11 Schauspieler und 1 Erzähler

Brüderchen	– Br
Schwesterchen/Königin	– Sch/Kg
Stiefmutter	– St-Mu
Stiefschwester	– St-Sch
König	– K
Jäger	– J
Reh	– R
Igelmann	– IM
Igelfrau	– IF
Quelle	– Q
Bächlein	– Bä
Erzähler	– Er

Bühnenbildvorschläge zu „Brüderchen und Schwesterchen“

Hintergrund für alle Szenen:
Märchentannenwaldkulisse mit Schloss wie bei „Dornröschen“ (nur ohne Rosen)

Requisiten für die 1. und 2. Szene:
Tisch mit Tischdecke und Aufgabenzettel, 2 Bauernstühle, Bank mit Zinkwanne oder Holzbottich, Wäsche, Waschbrett, Bürste, Eimer, leerer Holzkorb, Steintopf mit Brot, Kassette mit Goldtalern, mit Kleidern beladener Einkaufskorb, Zauberrohr

Requisiten für die 3. Szene:
ein blaues Stoffband als Bächlein, Blätterdecke (auf Tüllstoff geklebte und gepresste bunte Herbstblätter), goldenes Strumpfband

Requisiten für die 4. Szene:
Holzhütte, Abspielgerät und CD mit Jagdsignalen, Trittleiter als Hochsitz, Fernglas für den Jäger, Flinte

Requisiten für die 5. und 6. Szene: Königsbett, Krone, Bademantel, Pantoffeln, Halbschleier, Wiege mit Puppe

KOHL VERLAG GRIMMS MÄRCHEN ... lesen, spielen, bearbeiten – Bestell-Nr. 12 022

Erste Szene:

Zwei arme Waisen

Sch *(beim Wäschewaschen, hält erschöpft inne, wischt sich den Schweiß von der Stirn)*
Ach, Brüderchen, wenn doch unsere Eltern noch lebten. Wie könnten wir froh und glücklich sein.

Br
Ja, liebe Schwester, ich bin auch ganz traurig, dass Vater so plötzlich gestorben ist. Er hatte doch nur eine harmlose Erkältung.

Sch
Weißt du, Brüderchen, manchmal denke ich, unser Vater könnte noch leben, wenn er nicht die böse Stiefmutter geheiratet hätte. – Ich glaube, sie hat ihn zu Tode gepflegt.

Br
Meinst du das wirklich?

Sch
Aber natürlich. Sie und ihre garstige Tochter haben es doch nur auf unser Erbe abgesehen.

Br *(wütend)*
Diese Diebe, diese Gauner. Jetzt weiß ich auch, womit sie den teuren Schmuck und die Kleider bezahlen: Mit unserem Geld.

Sch *(verärgert)*
So eine Gemeinheit. Die gönnen sich die besten Sachen, und für uns haben sie nichts übrig.

Br
Nur böse Worte und viel Arbeit.

Sch
Das ist wahr. Schau mal, auf dem Tisch liegt schon wieder ein Zettel. Da steht drauf, was wir alles machen sollen. *(liest vor)*
Wäsche waschen, Wäsche bügeln und legen, Fußboden fegen und schrubben, Wasser und Holz holen und heizen.

Br
Ach du lieber Schreck. Das schaffen wir doch niemals, bevor sie vom Einkaufen zurück sind. Und dann gibt`s ein Donnerwetter. Ich habe solche Angst, dass die Stiefmutter wieder böse wird und zuschlägt.

Sch
Mir geht es ebenso, Brüderchen. Ich halte es hier auch nicht mehr aus.

Br *(überlegt)*
Weißt du was? Wir lassen einfach alles steh`n und liegen und laufen weg. Schlimmer als hier kann es nirgendwo sein.

Sch
Da hast du recht. Aber das Brot aus dem Steintopf nehmen wir mit. Komm, wir müssen uns beeilen. (*Sie nehmen das Brot und laufen weg.)*

<u>Zweite Szene</u>:

Der Fluch der bösen Stiefmutter

*(**St-Sch** und **St-Mu** kommen schwer beladen vom Großeinkauf nach Hause.)*

St-Sch *(stöhnt)*
Ach, wie bin ich müde und zerschlagen. Meine Füße brennen wie Feuer.
(lässt sich auf den Stuhl fallen)

St-Mu
Beruhige dich mein Töchterchen. Wenn du erst die schönen Kleider trägst, ist aller Kummer vergessen.

St-Sch
O ja, dieses Kleid hier ist besonders hübsch. Wie werden mich die Leute bewundern und beneiden.

St-Mu
Ja, mein Kind. Leg` aber auch immer den teuren Schmuck an. Das lenkt von deinem Gesicht ab.

St-Sch
Da hast du recht. Verflixt! Dass ich aber auch als Einäugige herumlaufen muss.

St-Mu (*zuckt mit den Schultern)*
Ja, mein Kind, das kann ich leider nicht ändern. Das fehlende Auge ist nun einmal dein Markenzeichen. Aber nun wollen wir erst einmal essen und all die leckeren Sachen probieren. *(geht zum Steintopf)*
Tochter, stell dir vor, das Brot ist nicht mehr da!

St-Sch
Der Ofen ist kalt, die Wäsche ist nicht gewaschen und Holz haben sie auch nicht geholt. Zum Donnerwetter! Wo sind sie bloß, diese Faulpelze?
Hallo, wo seid ihr? Kommt sofort hierher, ihr Nichtsnutze!

St-Mu
Nichts rührt sich. Ich glaube, die sind über alle Berge.

St-Sch (jammert)
Oh Gott, nun müssen wir die ganze Arbeit alleine machen.

St-Mu
Hör auf zu jammern. Mit dem Zauberrohr werde ich sie suchen. - Ah, ich sehe sie schon. Die beiden laufen in Richtung Wald und müssen den Fluss entlang.

St-Sch
Komm, wir müssen sie zurückholen und bestrafen.

St-Mu
Nein, nein, ich mach` das alleine. Bleib` nur hier und ruh` dich aus.

(Sie legt sich einen schwarzen Zauberumhang um, setzt den Zauberhut auf, geht zur Quelle des Bächleins und spricht ihre Zaubersprüche.)

Walle, walle, walle, walle, Tigerblut und Tigerkralle schütt` ich in die Quelle rein, und sie wird verzaubert sein. Trink` nur, trinke Brüderlein, bald wirst du ein Tiger sein.

(hält inne, zweifelt)

Wenn er nun aber nicht trinkt, was dann? Ha! Vorsichtshalber werde ich noch eine Stelle im Bach verzaubern.

(spricht wieder beschwörend)

Walle, walle, walle, walle, Wolfesblut und Wolfeskralle schütt` ich in das Bächlein rein, und es wird verzaubert sein. *(hält inne, zweifelt)* Wenn er aber nun wieder nicht trinkt? Kein Problem: Mit Teufelskraft und Zauberei bleibt mir noch die böse Drei.

(spricht wieder beschwörend)

Langsam soll das Wasser fließen, doch man kann es nicht genießen. Blut vom Reh gieß ich hinein, und es wird verzaubert sein. – Hier wird der Junge bestimmt trinken. Dann wird er ein Reh, der Jäger erschießt es, und allein wird das Mädchen im Walde umkommen. Ha! Nun bin ich zufrieden.

(Sie geht.)

Dritte Szene:

Brüderchen und Schwesterchen allein im Wald

Sch
Ach, Brüderchen, nun sind wir schon den ganzen Tag umhergeirrt. Komm, lass uns ausruhn. Ich kann nicht mehr. Lass uns ein Stück Brot essen, und dann legen wir uns schlafen.

Br
Wenn uns nur nicht die wilden Tiere auffressen.

Sch
Ach, Brüderchen, hab` keine Angst. Wildtiere sind scheu und tun uns nichts zuleide. Das hat Vater mir erklärt.

Br
Aber wir könnten erfrieren. Ich zittere jetzt schon vor Kälte.

Sch *(legt den Arm ums Brüderchen)*
Sei ohne Sorge, wir wärmen uns gegenseitig. So, und nun sing` ich uns ein Schlaflied.

Br
Ach ja, dann kann ich besser einschlafen.

GRIMMS MÄRCHEN ... lesen, spielen, bearbeiten – Bestell-Nr. 12 022
KOHL VERLAG

Sch *(singt)*
Droben im Himmel sind Freude und Licht, strahlende Augen der Engelein Schar. Bruder und Schwester, die kennen das nicht: Vater und Mutter, die sind nicht mehr da. Hast du vergessen da droben auch mich? Vater im Himmel, du musst uns doch sehen. Zwei arme Waisen verstehen dich nicht.

Br
Danke liebes Schwesterlein. Schlaf gut.

Sch
Du auch, gute Nacht. *(Sie kuscheln sich aneinander.)*

(Ein Igelmännlein kommt unter einer Blätterdecke hervor und staunt.)

I-M
Nanu, da liegen ja zwei Kinder. Frau, komm` schnell herbei, hier schlafen ein kleiner Junge und ein Mädchen. Die haben sich bestimmt verirrt.

I-F *(eilt erstaunt herbei)*
Tatsächlich. Sie schlafen ganz fest. Komm, wir legen die Blätterdecke über die Kinder, damit sie nicht frieren. (Sie decken die Kinder zu und laufen in den Wald.)

(Br und Sch erwachen)

Br
Ach, wie hab` ich gut geschlafen. So warm und kuschelig war es lange nicht mehr. **(verwundert)** Schau` mal Schwester, jemand hat uns mit einer Blätterdecke zugedeckt.

Sch
Tatsächlich, Brüderchen. Jemand hat es gut mit uns gemeint. Nun hab` ich auch wieder frischen Mut geschöpft und hoffe, dass wir aus dem Wald heraus finden.

*(**I-M** und **I-F** rascheln und lugen aus dem Laub heraus)*

Br
Sieh mal, Schwesterchen, da sind zwei kleine Igel. Die werden wir fragen. Außerdem habe ich großen Durst.

Sch
Guten Tag, liebe Tierlein. Gibt es hier in der Nähe Wasser? Wir sind ganz durstig.

I-M
Schaut euch nur um. Dort ist eine Quelle. Sie fließt in ein Bächlein.

Sch
Danke, liebes Stacheltier. Und wie finden wir aus dem Wald heraus?

I-F
Lauft nur immer am Bächlein entlang. Dann könnt ihr den Weg nicht verfehlen.

Br
Auf Wiedersehen, ihr Lieben, und vielen Dank für eure Hilfe.

I-M
Lebt wohl, liebe Kinder, und seht nur zu, dass ihr nach Hause kommt.

(Sie verschwinden hinter den Bäumen.)

Br
Sieh mal Schwester, frisches klares Quellwasser. Jetzt muss ich schnell trinken. Mein Hals ist schon ganz trocken.

Q *(spricht)*
Wer aus mir trinkt, wird ein Tiger. Wer aus mir trinkt, wird ein Tiger.

Br *(bückt sich zum Trinken nieder)*

Sch
Trink nicht, Brüderchen. Du hast doch gehört, was die Quelle gesagt hat.

Br
Ach Schwester, das war doch nur so ein Gemurmel. Das bedeutet nichts Schlimmes.

Sch
Doch, Brüderchen, ich habe die Worte gut verstanden. Bitte, trink nicht, sonst wirst du ein Tiger und frisst mich auf.

KOHL VERLAG GRIMMS MÄRCHEN ... lesen, spielen, bearbeiten – Bestell-Nr. 12 022

Br
Nun gut, wenn es dich beruhigt, gehen wir ein Stück weiter. Aber lange kann ich nicht mehr warten.

Bä *(spricht)*
Wer aus mir trinkt, wird ein Wolf. Wer aus mir trinkt, wird ein Wolf.

Br *(bückt sich zum Trinken nieder)*

Sch *(reißt ihn zurück)*
Beherrsch dich, trink nicht, sonst wirst du ein Wolf und zerreißt mich.

Br
Ach, du hörst Gespenster und bildest dir alles nur ein.

Sch
Nein, Brüderchen, ich habe die Worte genau gehört. Komm weg von hier. Es ist ein böser Ort. Ich sterbe vor Angst.

Br
Beruhige dich. Einmal will ich noch warten, aber dann muss ich trinken. Da kannst du sagen, was du willst. Mein Durst ist all zu groß. *(Sie gehen weiter.)*

Bä
Wer aus mir trinkt, wird ein Reh. Wer aus mir trinkt, wird ein Reh.

Br *(bückt sich zum Trinken nieder)*

Sch
Ach, Brüderchen, bitte, trink nicht, sonst wirst du ein Reh und läufst mir weg.

Br
Ach, Schwesterchen, was bist du abergläubisch. Jetzt muss ich trinken. Es wird schon nichts passieren.

(trinkt, verschwindet hinter den Bäumen und kommt als Reh zurück)

Sch *(weint)*
Ach, Brüderchen, warum hast du nicht auf mich gehört? Nun wirst du weglaufen, und ich muss alleine im Wald umherirren.

R
Hab` keine Angst, liebe Schwester. Ich werde dich niemals verlassen.

Sch
Da fällt mir aber ein Stein vom Herzen. Und damit ich dich unter den vielen Rehlein wiedererkenne, binde ich dir mein goldenes Strumpfband um den Hals.

R
Das ist eine gute Idee, Schwesterchen.
Nun brauchen wir nur noch eine Unterkunft.

Vierte Szene:

Büchsenknall und Hörnerklang

Er
Die beiden irrten eine Weile im Wald umher. Dann hatten sie Glück und entdeckten eine alte Schutzhütte. Dort richteten sie sich ein so gut es eben ging. Und wäre nicht zur Jagd geblasen worden, würden sie wohl heute noch dort leben ...

R *(Hörnerklang erschallt von CD)*
Jagen ist die schönste Zeit auf Erden. Jagen ist die allergrößte Lust. Wenn die Hörner froh erklingen, möcht` ich durch die Wälder springen.

Sch
Ach, mein liebes Brüderlein, schmerzlich kann dein Leichtsinn sein. Du bringst mich in große Not, schießen dich die Jäger tot.

R
Sei nicht bange, Schwesterlein, abends kehr` ich wieder heim. Erschrick nicht, wenn die Büchsen knallen, fürchte nicht das Hundekläffen, keine Kugel wird mich treffen.

Sch
Ach, mein Rehlein, nur ungern lasse ich dich geh`n.

R
Sei unbesorgt, mir wird schon nichts passieren. Und hüte dich vor den wilden Jägern. Schieb` den Riegel vor die Tür und öffne erst, wenn ich sage: Mein Schwesterlein, lass mich herein.

Sch
Sei unbesorgt und pass` gut auf dich auf.

R
Ja, Schwesterlein. Auf Wiedersehen. *(springt davon)*

Er
Ein Jäger hatte das Rehlein beobachtet und bis zur Hütte verfolgt. Dort entdeckte er auch das Mädchen und staunte nicht schlecht, dass das Tierlein sprechen konnte. Davon erzählte er dem König. Der wollte das alles gar nicht glauben und ließ sich zur Waldhütte führen.

KOHL VERLAG GRIMMS MÄRCHEN ... lesen, spielen, bearbeiten – Bestell-Nr. 12 022

K
Sag mal, Meister Grünrock, ist das auch kein Jägerlatein, was du mir erzählt hast?

J
Aber Hoheit, schon aus Respekt vor Eurer Person würde ich niemals lügen.
Alles was ich sah, ist geschehen.

K
Nun gut. Das Reh trägt also ein goldenes Halsband?

J
Ja, Majestät.

K
Und kann es sprechen?

J
Jawohl mein König. Und es hat ein Schwesterlein in menschlicher Gestalt, ein wunderschönes Mädchen.

K
Dieses Mädchen möchte ich mir anschauen. Komm, führe mich zur Waldhütte.

J
Zu Diensten Majestät. Ich geh` voran. *(Sie gehen eine Weile.)*
Schaut, da ist die Hütte.

K *(staunt)*
Ach, wie ist die klein. Da möcht` ich nicht drin wohnen. So, Jäger, nun lass mich allein.
Ich werde anklopfen. *(klopft an und spricht)*
Lieb Schwesterlein, lass mich herein. Lieb Schwesterlein, lass mich herein.

Sch *(öffnet und erschrickt)*
O Schreck! Ein fremder Mann! Wer seid Ihr? Was wollt Ihr hier?

K
Hab` keine Angst, ich tu` dir nichts zuleide.

Sch
Woher kennt Ihr den Spruch?

K
Der Jäger hat dich und das Reh beobachtet.

Sch
O Gott! Hat er etwa das Reh erschossen?

K
Nein, nein, sei unbesorgt. Dir und dem Reh wird kein Leid zugefügt. Im Gegenteil:
Ich bin entzückt von deiner Schönheit und möchte dich heiraten.

Sch
Hoher Herr, wie bin ich überrascht. Außerdem: Ihr seid adliger Herkunft,
und ich bin nur ein einfaches Mädchen. – Das passt nicht zusammen.

K
Jawohl, ich bin der König! – Doch in der Liebe gibt es keine Standesgrenzen. Bitte, komm mit auf mein Schloss und werde meine Frau.

Sch *(überlegt)*
Ich würde schon gern, aber das Reh muss mitgehen.

K
Aber natürlich. Das Reh kann im Schlossgarten fröhlich herumspringen.

Sch
Was für eine Freude! Jetzt will ich gerne mit Euch geh`n.

Er
Es dauerte nicht lange, da wurde Hochzeit gefeiert, und alle waren glücklich.
Und wäre nicht die böse Stiefmutter gewesen, dann würde es wohl noch heute so sein.
Voller Neid und Missgunst schmiedete sie mit ihrer Tochter einen schlimmen Plan.

Fünfte Szene:
Der schlimme Plan der Stiefmutter

St-Sch
Mutter, Mutter, komm schnell herbei! Im Schloss wurde ein Knabe geboren. Weißt du, wer die neue Königin ist?

St-Mu
Ja, mein Kind, sei tapfer, trag` es mit Fassung: Es ist deine Stiefschwester.

St-Sch *(wütend, überrascht)*
Meine Stiefschwester? Das kann doch nicht wahr sein. Ist sie nicht im Walde umgekommen?

St-Mu
Sie lebt mit dem Reh als Königin glücklich im Schlosse.

St-Sch *(schluchzt wütend)*
So eine Gemeinheit, so eine Ungerechtigkeit! Eigentlich hätte ich Königin werden müssen.

St-Mu
Beruhige dich mein Kind, reg` dich nicht auf. Mir wird schon etwas einfallen. (überlegt) Ich hab`s. Also: Wir haben Glück, denn die Zeit ist günstig. Der König ist tagsüber zur Jagd, und die Königin liegt im Wochenbette krank darnieder.

St-Sch *(ungeduldig)*
Ja, und dann? Und dann?

GRIMMS MÄRCHEN ... lesen, spielen, bearbeiten – Bestell-Nr. 12 022
KOHL VERLAG

St-Mu
Wir verkleiden uns als Kammerfrau, und dann schnappen wir uns die Königin, schaffen sie beiseite, und du wirst Königin.

St-Sch
Wunderbar! Eine gute Idee. Ich bin schon ganz aufgeregt.

Er
Als Kammerfrau verkleidet gelangen beide ins Schloss und verwirklichen ihren bösen Plan.

St-Mu
So, nun sind wir im Schloss. Das hat ja gut geklappt. Nun müssen wir nur noch die Königin aus dem Wege schaffen.

St-Sch
Und wie willst du das machen, liebe Mutter?

St-Mu
Pass auf, ich habe da eine teuflische Idee: Wenn die Königin schläft, schleichst du dich in die Badestube und heizt dort tüchtig ein. Dann versteckst du dich und kommst erst hervor, wenn ich dich rufe. Hast du verstanden?

St-Sch
Ja, Mutter, ich ahne, was du vorhast.

St-Mu
So, nun geh`. Ich kümmere mich jetzt um die Königin.

Kg *(liegt im Bett)*

St-Mu
Zu Diensten, Frau Königin. *(Knicks)* Ihr habt lange geschlafen. Nun wird es Zeit für ein erfrischendes Bad.

Kg
Ach, Minna, ich bin noch müde und schwach auf den Beinen. Am liebsten würde ich liegen bleiben. Außerdem ist mir kalt.

St-Mu
Ach, Frau Königin, das vergeht. Im Bad ist es schön warm. Das Wasser habe ich schon in die Wanne gelassen. Kommt schnell, bevor es kalt wird.

Kg
Du hast recht, Minna, das Bad wird mir guttun. Ich bin aber noch wacklig auf den Beinen.

St-Mu
Keine Sorge, Frau Königin, ich werde Euch stützen.
(Sie führt die Königin ins Bad und lässt sie allein zurück.)

Kg
Minna, lauf doch nicht weg, mir ist so heiß.

St-Mu
Gleich wird es noch viel heißer werden, Frau Königin.

Kg *(fleht)*
Minna, schließ die Tür auf. Ich kriege keine Luft. Hier ist es so stickig.

St-Mu
Ha, ha, ha! Gleich wird es noch viel stickiger.

KOHL VERLAG GRIMMS MÄRCHEN ... lesen, spielen, bearbeiten – Bestell-Nr. 12 022

Kg *(in Panik)*
Hilfe! Hilfe! Lass mich raus. Ich ersticke.

St-Mu
Das sollst du auch. *(ruft in Richtung **St-Sch**)*
Tochter, komm schnell hervor. Sie ist tot. Nun bist du Königin, und ich bin deine Kammerfrau.

St-Sch *(kommt angerannt)*
Wunderbar! Ich will sofort den König seh`n. Lass ihn holen!

St-Mu
Aber Tochter, was bist du einfältig. Denk` an das fehlende Auge. Tagsüber musst du dein Gesicht bedecken. Hier, nimm den Schleier.

St-Sch
Den Schleier mag ich nicht. Er stört mich – besonders beim Küssen.
(wirft den Schleier weg)

St-Mu
Tochter, zügle dein Verlangen. Du musst warten, bis es dunkel wird, denn nachts sind alle Katzen grau. Da merkt er nichts, denn Frau ist Frau.

St-Sch
Sehr schön, das gefällt mir. Mutter, du bist ein Teufelsweib.

St-Mu
Nun leg` dich ins Bett und deck` dich zu bis an den Hals. Ich höre den König kommen.

K
Nun, Minna, wie geht es meiner Frau?

St-Mu *(macht einen Knicks)*
Ach, Majestät, Eure Frau Gemahlin liegt im Bette krank darnieder und hat hohes Fieber bekommen.

K
O Schreck! Ich muss sofort zu ihr.

St-Mu
Majestät, bleibt zurück. Es könnte eine ansteckende Krankheit sein. Der Arzt hat jeden Kontakt verboten. Ich selbst muss einen Mundschutz tragen.

K
Ich bin zutiefst erschrocken, meine arme Gemahlin.

St-Mu
Beruhigt Euch, ich werde Eure Frau schon wieder gesund pflegen. Und nun ist es besser, wenn Ihr geht. Die Königin braucht Ruhe.

K
Gut, Minna, aber ruf` mich, wenn es nötig ist. Ich schau` nach dem kleinen Prinzen.

(Er geht.)

St-Mu *(knickst)*
Sehr wohl, Majestät.

Letzte Szene:
Ende gut, alles gut

Er
O je oje, das Schicksal nimmt einen bösen Lauf. Der König hatte ja nicht bemerkt, dass eine falsche Königin im Bett liegt. Wie soll das nur enden? Was wird aus dem Reh? Was wird aus dem Kind?
Zum Glück gibt es eine Kinderfrau. Sie ist für die Pflege des Neugeborenen zuständig, beobachtete seltsame Dinge und staunte nicht schlecht. Denn jedes Mal, wenn sie den kleinen Prinzen versorgen wollte, war er bereits genährt, gewindelt, und auch das Bettchen war frisch bezogen. Auch das Reh war schon gefüttert. Davon erzählte sie dem König. Um das Rätsel zu lösen, hielt dieser selbst Wache und machte eine erstaunliche Entdeckung.

K *(sitzt etwas versteckt im Kinderzimmer)*
Diese Nacht werde ich beim Kinde Wache halten. Mal sehen, was passiert.

Sch *(Kommt wie eine Schlafwandlerin herein)*
Was macht mein Kind? Was macht mein Reh? Nun komm` ich nur noch dieses Mal und dann nimmer mehr.

(Sie versorgt wortlos wie vorher Kind und Reh – will gehen.)

K *(hält sie fest)*
Geh` nicht weg, du kannst niemand anders sein als meine liebe Frau!

KOHL VERLAG GRIMMS MÄRCHEN ... lesen, spielen, bearbeiten – Bestell-Nr. 12 022

Sch
Ja, das bin ich. Lass dich umarmen, Liebster.

K
Und wer liegt nebenan im Wochenbett?

Sch
Es ist die falsche Königin, meine Stiefschwester. Sie und ihre Mutter wollten mich töten. Doch wie ein Wunder habe ich überlebt.

K
Ach, meine Liebe, was hast du durchgemacht. Du siehst totenbleich aus. Komm setz' dich und bleib` hier, bis ich dich rufe. Ich kümmere mich jetzt erstmal um deine Stiefschwester. Die kann was erleben. (tritt ans Bett und spricht zynisch)
Nun, meine Liebe, wie geht es dir?

St-Sch
Ach, mein Geliebter, endlich bist du da. Jetzt geht es mir gleich viel besser.

K
Seltsam, am Tage warst du noch todsterbenskrank. Das versteh` ich nicht.

St-Sch
Weißt du lieber Mann, ich kann die Sonne nicht vertragen. Aber jetzt sind alle Schmerzen vergessen. Komm`, lass dich umarmen. Und mach` das Licht aus, das ist schön romantisch.

K *(zynisch)*
Wart`s nur ab, gleich wird`s noch viel romantischer! Das Licht bleibt an.

(Er zieht den Schleier von ihrem Gesicht.)

Ich möchte doch deine schönen blauen Augen seh`n.

(zynisch) O Schreck!

Eine Einäugige! Was für ein hässliches Weib! Du bist nicht meine Gemahlin.

St-Sch
Hab` Mitleid, die Krankheit hat mich entstellt.

K
Schweig, du Lügnerin! Du bist nicht krank und auch nicht meine Gemahlin.
Hier ist die rechte Königin!

Sch *(kommt mit Krone und Königsmantel herein)*

St-Sch
Mutter, Mutter, hilf mir!

St-Mu *(eilt herbei)*

K
Ah, noch so ein böses Weib! Na wartet: Ihr sollt eure gerechte Strafe bekommen. Hinaus mit euch! Landsknechte! Jagt das Mädchen in den Wald und sperrt die Alte in den Kerker!

Br *(kommt angerannt)*

Sch *(staunt)*
Aber Brüderchen, du bist ja gar kein Reh mehr.

Br
Liebe Schwester, als die bösen Frauen aus dem Zimmer waren, erhielt ich plötzlich meine menschliche Gestalt wieder. Da war der Zauber gebrochen.

K
So eine Freude! Nun hat alles doch noch ein gutes Ende gefunden. Dass muss gefeiert werden!

Er
Und so feierten sie ein großes Fest. Sie feierten sieben Tage lang.

Ganz leise konnte man das Wimmern und Klagen der Alten aus dem Kerker hören.

Von der Einäugigen ward nichts mehr gesehen.

5 Brüderchen und Schwesterchen

EA **Aufgabe 1:** *Lies die erste Szene. Schreibe alle Arbeiten auf, die Brüderchen und Schwesterchen verrichten müssen.*

EA **Aufgabe 2:** *Lies nun die zweite Szene und erläutere in wenigen Sätzen, das Sprichwort „Undank ist der Welten Lohn".*

EA **Aufgabe 3:** *Wie wirst du belohnt, wenn du deinen Eltern bei der Arbeit hilfst?*

EA **Aufgabe 4:** *Lies die folgende Geschichte. Was ist richtig, was ist falsch?*

„Brüderchen und Schwesterchen – ein Märchen der Brüder Grimm"

a) Zwei arme Waisenkinder fliehen aus Angst vor der bösen Stiefmutter in den Wald.

b) An einer Quelle bekommt das Brüderchen großen Durst und will trinken.

c) Doch als die Quelle spricht: „Wer aus mir trinkt, wird ein Reh", geht es verwundert weiter.

d) Da spricht das Bächlein: „Wer aus mir trinkt, wird ein Tiger."

e) Auch diesmal zügelt das Brüderchen seinen Durst und geht erschrocken weiter.

f) Nach einer Weile spricht der Bach: „Wer aus mir trinkt, wird ein Wolf."

g) Nun kann sich der Junge nicht mehr beherrschen.

h) Er bückt sich, trinkt und wird ein Wolf.

i) Der frisst das arme Schwesterchen und treibt sich noch heute in unseren Wäldern herum.

j) So hat die Geschichte ein schlimmes Ende genommen.

richtig: Sätze ______________________________

falsch: Sätze ______________________________

5 Brüderchen und Schwesterchen

EA

Aufgabe 5: *Schreibe das Märchen von der Verwandlung des Brüderchens bis zum Schluss zu Ende.*

EA

Aufgabe 6: *Märchenfreunde können auf der 600 km langen Märchenstraße viel Interessantes über die Brüder Grimm und ihre „Kinder- und Hausmärchen" erfahren. Erforsche im Internet (gerne auch mit Hilfe deiner Eltern) den Verlauf der Märchenstraße und ordne bekannte Märchen ihren Städten zu.*

Märchen der Brüder Grimm	Märchenstädte

KOHL VERLAG
GRIMMS MÄRCHEN
... lesen, spielen, bearbeiten – Bestell-Nr. 12 022

EA

Aufgabe 7 : *Nutze für die folgenden Fragen ebenfalls das Internet.*

a) *Schreibe drei Städte auf, die im Leben der Gebrüder Grimm eine wichtige Rolle spielten.*

Stadt 1: ______________________________

Stadt 2: ______________________________

Stadt 3: ______________________________

b) *Ergänze dazu auch den folgenden Lückentext.*

Die Brüder Grimm wurden vor über 200 Jahren in ____________________ geboren. Jedes Jahr finden dort Märchenfestspiele statt. In ____________________ haben sie die deutsche Sprache studiert und viele Märchen und Sagen erforscht. Die Hauptstadt der Märchenstraße ist ______________________ . Hier sammelten die Brüder Grimm ihre berühmten „Kinder- und Hausmärchen.

EA

Aufgabe 8: *Sicher kennst du folgende Märchen der Brüder Grimm:*

a) *„Schneeweißchen und ______________________________“*

b) *„Brüderchen und ______________________________“*

c) *„Der Wolf und die ______________________________“*

d) *„Der Teufel mit ______________________________“*

e) *„Die Bremer ______________________________“*

f) *„Schneewittchen ______________________________"*

g) *„Hänsel und ______________________________"*

h) *„Das tapfere ______________________________"*

i) *„Hans im ______________________________"*

j) *„Tischchen deck dich, Goldesel und ______________________________*

______________________________"

k) *„Der süße ______________________________"*

Der Teufel mit den drei goldenen Haaren

Lehrerinfo

Der Teufel mit den drei goldenen Haaren – Märchenspiel frei nach Brüder Grimm

Handlung

Ein Knabe wird mit einer Glückshaut geboren. Ihm wird prophezeit, dass er einmal die Prinzessin zur Frau bekommen wird. Das erschreckt den König. Er will das kleine Kind ertränken und setzt es in einem Weidenkörbchen im Flusse aus. Doch freundliche Müllersleute retten dem Knaben das Leben und ziehen ihn wie ihr eigenes Kind groß. Als der König davon erfährt, will er mit List und Tücke das Glückskind in den Tod schicken. Doch zwei Räuber vereiteln den heimtückischen Plan des Monarchen. Notgedrungen muss der König dem Müllerburschen die Prinzessin versprechen. Aber erst soll er in die Hölle gehen, dem Teufel drei goldene Haare ausreißen und diese dem König bringen. Mit Hilfe des Teufels Großmutter der drei kleinen Teufelchen besteht das Glückskind die Mutprobe. Es gelingt ihm sogar, die Bewohner einer „toten" Stadt aus einer Notlage zu retten. Zurück im Schloss bekommt der König die drei goldenen Haare und der Müllerbursche seine Prinzessin. Der König, von Geldgier getrieben, geht ebenfalls in die Hölle, kehrt aber nie wieder zurück.

Figuren: 17 Schauspieler und 1 Erzähler

Erzähler	– Er	Glückskind	– Gl
Großmutter	– Gr	Teufel	– T
1. Teufelchen	– 1. T	2. Teufelchen	– 2. T
3. Teufelchen	– 3. T	König	– K
Königin	– Kg	Prinzessin	– Pr
Müller	– Mü	Müllerin	– Mün
1. Räuber	– 1. R	2. Räuber	– 2. R
Fährmann	– F	alter Mann am Brunnen	– Ma
Frau am Apfelbaum	– Fr	Apfelbaum	– A

Bühnenbildvorschläge zu „Der Teufel mit den drei goldenen Haaren"

Hintergrund für alle Szenen:
Tannenwaldkulisse mit Schloss, Haus des Müllers wie bei Rotkäppchen, Windmühlenflügel

Requisiten für die 1. und 2. Szene:
blaues Band als Fluss, 2 Säcke (gefüllt), Weidenkorb mit Puppe, Briefumschlag mit Königssiegel

Requisiten für die 3. Szene:
Bank, Papier, Feder, Tinte, Stuhl, Briefumschlag

Requisiten für die 4. Szene:
Thron wie bei Dornröschen, Klingel, 2 goldene Bälle, Brief

Requisiten für die 5. Szene:
gespannte Leine mit schwarzen und roten Tüchern, an denen Halloween-Utensilien befestigt sind (z.B. Spinnen, Teufelsmasken), Beleuchtung in rot, großer Suppentopf auf Feuerstelle, Hocker für die Großmutter, darüber ein Tuch (Versteck für das Glückskind), kleiner Tisch mit schwarzem Tuch, darauf Knochen und Kohlrüben, Besen, 2 Rührlöffel, 3 Schokoladenriegel

Requisiten für die 6. Szene:
Brunnen, Eimer, Stock, Kröte, lebender Apfelbaum, Maus, Spaten, blaues Band als Fluss, Ruder, goldener Apfel, 1 Batzen Gold aus Goldpapier

KOHL VERLAG GRIMMS MÄRCHEN ... lesen, spielen, bearbeiten – Bestell-Nr. 12 022

Erste Szene:

Das Findelkind

Mü *(verwundert)*
Nanu, was ist denn das? Im Wasser schwimmt ein Weidenkorb. Ziemlich alt sieht er aus. Aber zum Holz holen wird er wohl noch taugen. Ich werde ihn herausfischen.
(staunt)
Oh mein Gott, das kann doch nicht wahr sein! Im Korb liegt ein Kind – ganz zart und klein und unbekleidet.
(nimmt es hoch und betrachtet es)
Es ist ein Knabe. Ob er wohl noch lebt? – Gott sei Dank, er atmet. Ich werde ihn unter meine Jacke nehmen.
(ruft seine Frau)
Frau, komm schnell herbei! Und bring eine warme Decke mit. Der Herrgott hat uns ein Kind geschenkt.

Mün
Mann, was redest du da von einem Kinde? Oder hab ich mich verhört?

Mü
Nein, nein, du hast schon richtig gehört. Diesen Knaben hab ich aus dem Fluss gefischt. Er lag in einem Weidenkorbe.

Mün *(betrachtet das Kind und staunt)*
Mein Gott, es grenzt an ein Wunder, dass der Kleine nicht ertrunken ist. Der hat aber Glück gehabt.

Mü
Ja, Frau, und wir auch. Wie lange haben wir uns ein Kind gewünscht. Nun könnte unser Wunsch in Erfüllung gehen.

Mün
Ja, lieber Mann, es ist ein Geschenk des Himmels. Wir sollten das Kind behalten.

Mü
Recht so, meine Liebe. Und nun bring den Kleinen ins Haus und koch` ihm ein Süppchen aus Haferschleim. Ich hole inzwischen Holz zum Bau einer Wiege.

Mün
Sehr schön. Und überleg` schon mal einen Namen für unser Findelkind.

Mü
Da brauch ich nicht lange zu überlegen. Wir nennen es einfach Glückskind.

Mün
Ja, das ist ein guter Name.

Er
Wer mag das Kind wohl ausgesetzt haben? Es war der König. Der hatte nämlich von einer Wahrsagerin gehört, dass der Knabe mit einer Glückshaut geboren wurde und einmal die Prinzessin heiraten würde. Als der König nach 18 Jahren erfuhr, dass das Kind nicht ertrunken war, ersann er einen bösen Plan und ging zum Müller.

Zweite Szene:
Ein verhängnisvoller Brief

K *(Selbstgespräch; zum Publikum)*
Unerhört! Der Knabe ist gar nicht ertrunken. Im Gegenteil: Er ist im heiratsfähigen Alter und lebt bei einem Müller. Welch eine Schande, ein Müllerbursche an der Seite meiner Tochter! Unvorstellbar! – Diese Heirat muss ich unbedingt verhindern. Und ich weiß auch schon wie: Mit diesem Brief werde ich den Burschen in sein Unglück schicken. Nun muss ich bloß noch die Mühle finden. (schaut sich um)

Mü *(schleppt einen schweren Sack)*

K
Ah, hier könnte er wohnen.
Sag mal, Müller warum plagst du dich mit den schweren Säcken ab? Hast du denn keinen Sohn, der dir die Arbeit abnehmen kann?

Mü *(ehrfurchtsvoll erschrocken)*
Jessesmaria – der König! Welch eine Ehre. – Guten Tag, Majestät.
(verbeugt sich)
Ja, wir haben einen Sohn, er hilft mir wo er kann. Es ist ein Findelkind.
Ich habe ihn als Baby aus dem Fluss gefischt.

KOHL VERLAG GRIMMS MÄRCHEN ... lesen, spielen, bearbeiten – Bestell-Nr. 12 022

K *(zum Publikum)*
Ha, dann ist es der Richtige.

Mü
Was habt ihr da eben gesagt, verehrter König?

K
Ich meine, er ist der Richtige, um mir einen Dienst zu erweisen.

Mü
Sehr wohl, Majestät, ich werde ihn rufen. – Glückskind, komm herbei. Der König höchstpersönlich erweist uns die Ehre.

Gl *(kommt angerannt, staunt)*
Tatsächlich! Der König. *(Verbeugung)* Majestät, was kann ich für Euch tun?

K
Wie ich sehe, bist du flink auf den Beinen. Nimm diesen Brief, er enthält eine wichtige Nachricht. Lauf zum Königsschloss und übergib den Brief der Königin.

Gl *(verbeugt sich)*
Majestät, habt dank für diese Ehre. Als Königsbote wär ich gern bereit. Doch mein Vater braucht mich in der Mühle.

K
Hier, Müller, hast du einen Batzen Gold. Dafür wirst du den Burschen wohl eine Weile entbehren können.

Mü *(zögert)*

Gl
Vater, nimm das Gold. Ich mach' mich gleich auf den Weg und bin bald wieder da.

Mü
Gut, mein Sohn. Doch sei vorsichtig. Du musst durch den dunklen Wald, wo die Räuber hausen.

Gl
Sei unbesorgt, lieber Vater. Ich habe keine Angst und freue mich schon auf die Prinzessin.

K
Freu dich nur nicht zu früh und pass gut auf den Brief auf.

Gl
Sehr wohl, Herr König. Auf Wiedersehen, lieber Vater.

Mü
Auf Wiedersehen mein Sohn, komm' bald zurück.

(Alle gehen von der Bühne.)

Dritte Szene:

Glückskind bei den Räubern

Gl *(zum Publikum)*
Ach, wie bin ich müde und zerschlagen. (schaut sich um) Hier werde ich einkehren.
Doch wie mir scheint, ist es ein Räuberhaus und nicht ganz ungefährlich.
Egal, ich klopfe an. *(klopft an)*
Nichts rührt sich.
(ruft) Hallo, ist da jemand?
Niemand antwortet. Die Räuber sind wohl nicht zu Hause.
(sieht eine Bank vor dem Haus)
Nun, da werde ich eben auf der Bank ein kleines Schläfchen machen.
(legt sich auf die Bank)

(Die 2 Räuber kommen polternd auf die Bühne – aus dem Publikum)

1. R
Da haben wir wieder mal Pech gehabt und keine Beute gemacht.

2. R
Ja, das ist schon ärgerlich. Die feinen Herrschaften haben wohl Wind von uns bekommen und nehmen mit ihren Kutschen einen anderen Weg.

1. R
Das mag sein, Bruderherz. Aber schau mal, da liegt ja jemand auf unserer Bank. Vielleicht ist bei dem was zu holen.

2. R
Das glaube ich nicht. Wie der aussieht, scheint es ein armer Schlucker zu sein.
Aber ich schaue trotzdem mal in seine Hosentaschen.
(Er untersucht die Taschen)
Gl *(schnarcht)*

2. R
Mensch, der schläft wie ein Bär. Aber seine Taschen sind leer. Nur einen Brief trägt er bei sich.

1. R
Interessant, was mag das für ein Brief sein? Zeig mal her.
(schaut sich den Briefumschlag an)
Donnerwetter! Der Bursche ist ein Königsbote. Schau nur, der Brief trägt das Siegel des Königs. *(erstaunt)*

2. R
Tatsächlich, jetzt bin ich aber neugierig. Los, mach den Brief auf und lies vor.

1. R *(öffnet den Brief und liest langsam und deutlich vor)*
Meine liebe Gemahlin!
Dieser Bote ist ein übler Bursche. Sobald er im Schloss angekommen ist, soll er gehenkt werden. Das ist mein ausdrücklicher Befehl.
Bis bald – Euer Gemahl, der König.

KOHL VERLAG GRIMMS MÄRCHEN ... lesen, spielen, bearbeiten – Bestell-Nr. 12 022

2. R *(entsetzt)*
Was für eine Gemeinheit! Unerhört! Dieser hinterhältige Leuteschinder! Dem müssen wir einen Denkzettel verpassen.
Los hol´ Papier, Feder und Tinte. Ich diktiere dir einen neuen Text.

1. R *(holt die Schreibutensilien)*
So, ich bin bereit. Sag an, was soll ich schreiben?

2. R *(diktiert langsam)*
Meine liebe Gemahlin!
Dieser Bote ist ein ehrenvoller Mann. Er verdient es, die Prinzessin zu heiraten.
Bis zu meiner Ankunft im Schloss muss die Hochzeit vorbereitet sein. Das ist mein ausdrücklicher Wille.
Bis bald – Euer Gemahl, der König.

1. R
Zeig her und sei leise. Ich stecke den Brief wieder in seine Tasche, bevor er aufwacht.

Gl *(erwacht entsetzt, greift sofort in seine Hosentasche) (erleichtert)*
Gott sei Dank! Der Brief ist noch da. Bitte, tut mir nichts zuleide. Ich muss schnell den Brief ins Schloss bringen.

1. R
Keine Angst, bei dir ist ja nichts zu holen. Und nun mach dich auf den Weg.
Die Prinzessin wartet schon.

Gl
Ihr seid ja lustige Kerle. Danke und auf Wiedersehen.

2. R
Auf Wiedersehen, viel Glück auf deinem Wege.

Vierte Szene:

Aufregung im Schloss

Pr *(sitzt auf dem Thron und klagt)*
Ach, ist das langweilig, eine Prinzessin zu sein. Immer nur gute Manieren zeigen, immer nur auf dem Thron sitzen und die eingebildeten Freier empfangen. Das gefällt mir nicht. Und mit dem goldenen Ball mag ich auch nicht mehr spielen.
(wirft den Ball weg, der rollt dem Glückskind vor die Füße)

Gl *(Hebt den Ball auf)*
Aber Prinzessin, wer wird denn gleich so unzufrieden sein? Wir können uns den Ball gegenseitig zuwerfen. Das macht Spaß. Fangt ihn.
(Sie werfen hin und her.)

Pr *(hocherfreut)*
Wunderbar, das ist schön, das gefällt mir. Ihr seid wirklich ein guter Gesellschafter. Hat Euch mein Vater hergeschickt?

Gl
Ja, Prinzessin, aber nicht zu Eurer Unterhaltung. *(holt den Brief aus der Tasche)* Diesen Brief soll ich der Frau Königin höchstpersönlich überreichen.

Pr *(klingelt)*

Kg *(erscheint)*
Nun, was gibt es? Wer ist dieser Bursche?

Pr
Es ist ein Königsbote. Er bringt einen Brief vom Vater.

Kg
Zeig her und warte einen Augenblick.

Gl *(überreicht den Brief mit einer Verbeugung und stellt sich an die Seite)*

Kg *(liest still den Brief mit zitternder Hand und fällt vor Schreck fast in Ohnmacht)*

Pr
Liebe Frau Mutter, was ist denn geschehen? Ihr seid ja kreidebleich und zittert am ganzen Körper.

Kg *(versucht Haltung zu bewahren und spricht aufgeregt) (erbost)*
Tochter, ich bin fassungslos. Stell dir vor, diesen einfachen Boten sollst du heiraten. Unmöglich! Was hat sich der König nur dabei gedacht?

Pr
Was sagt Ihr da? Das kann ich gar nicht glauben. Das muss ich selber lesen.
(nimmt den Brief)
Tatsächlich. Hier steht es schwarz auf weiß:
„Dieser Bote ist ein ehrenvoller Mann. Er verdient es, die Prinzessin zu heiraten". – Wunderbar! Der Bursche gefällt mir. Nun muss ich nicht den hässlichen Willibald heiraten.

KOHL VERLAG GRIMMS MÄRCHEN ... lesen, spielen, bearbeiten – Bestell-Nr. 12 022

Kg
Aber Willibald ist von Adel. Ihm gehört ein halbes Königreich.
(zum Boten)
Und was bringt Ihr mit in die Ehe?

Gl *(stolz)*
Sehr viel, Frau Königin. Ich erbe die Mühle meines Vaters, die größte weit und breit.

Kg *(höhnisch)*
Und weiter habt Ihr nichts zu bieten?

Gl
O doch, Frau Königin: Zwei kräftige Arme, flinke Beine, einen hellen Kopf und ein sonniges Gemüt.

Kg
Und so einen armen Schlucker willst du heiraten?

Pr
Sehr gern, liebe Mutter. Wenn er mich mag, soll bald die Hochzeit sein.

Gl *(verbeugt sich freudig vor der Prinzessin)*
Verehrte Prinzessin, ich bin überglücklich. Ihr habt mein Herz entflammt.
(zur Königin)
Macht Euch keine Sorgen. Ich werde ein würdiger Prinz sein.

Kg
Aber Ihr habt keine guten Manieren und werdet uns bei Hofe lächerlich machen.

Gl
O nein, Frau Königin. Ich weiß mich sehr gut zu benehmen. „Danke“ und „Bitte“ sind für mich eine Selbstverständlichkeit. Vor den Damen werde ich mich tief verbeugen, *(macht eine elegante Verbeugung vor der Prinzessin)* und auch der Handkuss wird mir gelingen.

Kg
Da könnt Ihr reden, was Ihr wollt. Dieser Hochzeit werde ich nicht zustimmen.

Pr
Aber der Vater hat es befohlen. Wir müssen mit den Hochzeitsvorbereitungen beginnen.

K *(kommt) (erschrocken, verwundert)*
Nanu, was geht denn hier vor? Das ist doch der Müllerbursche, kaum zu glauben.

Kg *(zynisch)*
Ganz recht, lieber Mann, Euer zukünftiger Schwiegersohn.

K *(zum Publikum)*
Schwiegersohn? Das kann nicht mit rechten Dingen zugehen.
(zur Königin)
Frau, hast du meinen Brief bekommen?

Kg
Aber natürlich. Hier, lies ihn.

K *(liest still)*
(zum Publikum)
Verdammt noch mal! Da hat sich jemand einen bösen Scherz mit mir erlaubt und den Brief umgeschrieben. Da muss ich mir schnell etwas einfallen lassen.

Pr
Vater, ist mit dem Brief etwas nicht in Ordnung?

K
Nein, nein, der Inhalt stimmt.

Gl *(freudig)*
Dann darf ich also Eure Tochter heiraten?

K
Nicht so eilig, junger Mann. Erst musst Du noch eine Mutprobe bestehen.

Pr *(vorwurfsvoll)*
Aber Vater, das ist unfair. Was soll die Trickserei?

K
Sei still. Wer kein Geld hat, muss wenigstens mutig sein.

Gl
Majestät, was muss ich tun?

K
Geh zum Teufel und bring mir seine drei goldenen Haare.

Pr *(empört)*
Um Gotteswillen nein! Du schickst den Armen in den Tod.
Das verzeihe ich dir nie.

KOHL VERLAG GRIMMS MÄRCHEN ... lesen, spielen, bearbeiten – Bestell-Nr. 12 022

Gl
Liebste Prinzessin, beruhigt Euch. Ich werde die Mutprobe bestehen. Ich bin doch ein Glückskind und komme bald zurück. Auf Wiedersehen.

Er
Auf dem Weg in die Hölle kam der Müllerbursche in eine Stadt, da waren die Menschen totunglücklich und keiner konnte helfen. Doch unser Glückskind tröstete sie und sprach: „Habt ein wenig Geduld. Ich gehe in die Hölle und frage den Teufel um Rat. Wenn ich zurückkomme, hat eure Not ein Ende".
Ob er wohl jemals zurückkehrt? Nun, wir werden sehen. Drücken wir ihm die Daumen.

<u>Fünfte Szene</u>:
Glückskind in der Hölle

(Lied der kleinen Teufelchen)

1. T *(singt)*
Ein kleines Teufelchen im Walde ganz allein. Das wünschte sich ein Brüderchen da waren es schon zwei.

1. und **2. T** *(singen)*
Zwei kleine Teufelchen, die kochen Hirsebrei. Sie rühren in dem Topf herum, da waren es schon drei.

1., 2. und **3. T** *(singen)*
Drei kleine Teufelchen, die tanzen Ringelreih. Da freut sich auch die Großmama und kommt ganz schnell herbei.

1., 2. und **3. T***(singen)*
Drei kleine Teufelchen, sind ohne Rast und Ruh. Sie schlagen einen Purzelbaum, die Oma klatscht dazu.

Gl *(hat alles beobachtet)*
Na, das ist ja eine lustige Gesellschaft.
Ich hätte nicht gedacht, dass es in der Hölle so fröhlich zugeht.

Gr
Wart´s nur ab, wenn erst mein Enkel nach Hause kommt, zerreißt er dich in tausend Stücke.

1. T
Und dann gibt's wieder Menschenfleisch. Igittigitt! Das mag ich nicht.

2. T
Das hängt uns schon zum Halse raus. Wir wollen endlich mal was anderes essen.

Gl
Ich glaube, da habe ich das Richtige für euch. Marzipan und Schokolade. Hier, probiert mal, das wird euch schmecken.
(alle drei T. probieren)

1. T
Hm, lecker, das schmeckt aber gut.

2. T
So süß und zart auf der Zunge.

3. T
Einfach köstlich. – Großmutter koste doch auch mal.

Gr
Nicht schlecht, da könnt ich mich dran gewöhnen. Aber sag mal, du bist doch nicht hierhergekommen um uns mit Süßigkeiten zu verwöhnen. Sag wer bist du, und was willst du hier?

Gl
Ich bin ein Müllerbursche und möchte die Prinzessin heiraten. Aber erst muss ich dem König die drei goldenen Haare des Teufels bringen, deshalb bin ich hier.

Gr
Hahaha! Dem Teufel die drei goldenen Haare ausreißen? Das ist bisher noch keinem gelungen. Du Dummkopf, du Naseweis! Hast du denn gar keine Angst?

Gl
Ach wo, ich bin doch ein Glückskind. Mir ist noch nie etwas Schlimmes passiert. Und wenn Ihr mir helft, bekomme ich auch die drei goldenen Haare.

1. T
Bitte, Großmutter, wir müssen ihm helfen. Er hat uns doch so leckere Sachen geschenkt.

KOHL VERLAG GRIMMS MÄRCHEN ... lesen, spielen, bearbeiten – Bestell-Nr. 12 022

Gr
Nun gut, der Bursche gefällt mir. Doch jetzt muss alles ganz schnell gehen. Lauft eurem Vater entgegen und haltet ihn eine Weile auf. So kann sich der Bursche in Ruhe verstecken.

2. T
Ja, Großmutter, wir sind schon ganz aufgeregt. *(alle drei laufen weg)*

Gr
Wo könntest du dich am besten verstecken?

Gl
Ich könnte mich hinter den Suppentopf hocken.

Gr
Nicht gut, da findet er dich gleich.

Gl
Großmutter, ich könnte unter den Tisch kriechen.

Gr
Auch nicht gut, da bist du verloren.
(denkt nach)
Ich hab´s. Du musst in meine Rockfalte kriechen. Da bist du sicher, denn an mich wagt sich der Teufel nicht heran. So, nun versteck dich und sei ganz leise.

Gl
Großmutter, ich kann aber nicht leise sein. Ich muss dem Teufel noch drei wichtige Fragen stellen.

Gr
Zum Donnerwetter! Auch das noch. Sag schnell, was willst du denn wissen.

Gl
Also:
Es gibt einen Baum, der trug einst goldene Äpfel und ist nun fast verdorrt. Warum?
Es gibt einen Brunnen, einst spendete er Wein. Nun ist er völlig ausgetrocknet – Warum?
Es gibt einen Fährmann, der immer rudern muss und niemals abgelöst wird – Warum?

Gr
Das sind schwere Fragen. Doch nun kriech in meine Rockfalte, sei leise und spitz die Ohren. Der Teufel kommt angerumpelt.

T *(schnüffelt)*
Hm, Hm, ich rieche Menschenfleisch. Das gibt ein gutes Fresserchen. Aber wie kommt dieser Mensch unbemerkt in die Hölle? – Ah, da sind ja meine Kinderlein, die werde ich fragen –
(singt)
Ei, ei, ei, ihr Teufelchen, was ist denn bloß geschehen? Im Hause riecht es nach Menschenfleisch, das kann ich nicht verstehen.

1., 2. und 3. T. *(singen)*
Nein, Nein, nein, das kann nicht sein, kein Mensch kommt hier herein. Großmama kocht Hirsebrei, der wird gleich fertig sein.

T *(wütend)*
Hirsebrei? Pfui Deiwel! Das ess ich nicht. Ich will Menschenfleisch, und hier muss einer sein. Das müsst ihr doch riechen.

1., 2. und 3. T *(niesen)*
Hatschi, hatschi!
Vater, wir riechen nichts, wir haben Schnupfen.

T
Ach, was seid ihr zimperlich: Gestern Husten, heute Schnupfen. So werdet ihr nie richtige Teufel.
(schnüffelt wieder)
Hm, hm, der Geruch macht mich ganz wahnsinnig. Irgendwo muss der Bursche doch sein.
(guckt in den Topf, schaut unter Tisch und Stuhl)
Verdammt, nicht zu finden.
(zum Publikum)
Wehe, wehe, wehe, wehe! Warte nur, wenn ich dich sehe! Bist du erst in meiner Nähe, wird ich gierig nach dir greifen, dich in tausend Stücke reißen und genüsslich dann verspeisen.
(schnüffelt bei der Großmutter)
Großmutter, bei dir stinkt's.

Gr
Werd bloß nicht frech. Du selber stinkst aus allen Rippen und siehst ganz schmutzig aus. Wasch dir die Hände und iss Hirsebrei.

T *(schaut in den Topf)*
Das will ich nicht.
(wirft wütend den Rührlöffel weg)

Gr
Dann nimm dir ein paar Knochen oder iss ein paar Kohlrüben.

T
(stößt wütend die Knochen und Kohlrüben vom Tisch)
Verdammt, das mag ich alles nicht.

Gr *(ärgerlich)*
Tob nicht so herum und schmeiß nicht alles durcheinander. Ich habe gerade gefegt und aufgeräumt.

T *(kratzt sich auf dem Kopf)*
(isst Spinnenbein)

Gr *(singt)*
Der Teufel ist mein frecher Enkel, isst so gerne Krötenschenkel, Spinnenbein und Spatzendreck und zum Nachtisch Dreck.
(spricht)
Was kratzt du ständig auf dem Kopf herum? Hast du schon wieder Läuse mitgebracht? Komm her ich wird dich ein wenig lausen. Leg den Kopf in meinen Schoß und mach ein kleines Schläfchen.

T
Ja das ist gut. Aber dann greif ich mir den Burschen.

Gr *(summt eine einschläfernde Melodie, laust und krault des Teufels Kopf, reißt ihm dann beim Schnarchen das erste goldene Haar aus)*

T *(schreckt hoch)*
Großmutter, was soll das?

Gr
Ach, ich hatte einen schweren Traum, da hab ich dir aus Versehen in die Haare gegriffen. Verzeih.

T
Was hast du denn geträumt?

Gr
Ein Marktbrunnen, aus dem sonst Wein quoll, gibt nicht einmal mehr Wasser. Warum wohl? Du weißt es sicher auch nicht.

T
Ha, der Teufel weiß alles. – Eine Kröte sitzt im Brunnen. Man muss sie töten, dann werden Wein und Wasser wieder fließen. Und nun lass mich schlafen. *(schnarcht)*

Gr *(krault weiter, zieht das zweite goldene Haar heraus)*

T *(springt wütend auf)*
Au, Au! Bist du verrückt? Schon wieder störst du mich.

Gr
Nimm's mir nicht übel, ich hab´s wieder im Traum getan.

T
Was hast du denn diesmal geträumt?

Gr
Ach, ein Apfelbaum trug einst goldene Früchte. Jetzt ist er vertrocknet, und die Blätter fallen ab. Warum?

T
Diese Dummköpfe! Sie sollten das Übel an der Wurzel packen. Dort nagt eine Maus, die müssen sie töten. Und nun stör mich nicht noch einmal, sonst kriegst du eine Ohrfeige.

Gr
Na, na, na, beruhig dich, schlaf weiter. *(Sie zieht das dritte Haar raus.)*

T
Autsch! Lass mich in Ruh, du altes Klappergestell.
(fährt hoch und will sie ohrfeigen)

Gr *(wehrt ab)*
Du, werd bloß nicht frech. Ich hab´s doch nicht mit Absicht getan. Wer kann denn was für böse Träume?

T
Was hast du denn nun schon wieder geträumt?

Gr
Ich träumte von einem Fährmann, der muss immer hin und her rudern und wird niemals abgelöst. Keiner weiß warum.

T
Aber ich weiß es. Wenn einer kommt, der rüberfahren will, muss er ihm das Ruder in die Hand geben. Dann muss der andere fahren und der Fährmann ist erlöst. Und nun wag es nicht noch einmal, mich zu stören. *(schläft fest)*

Gr *(kommt hervor, nimmt die Haare und schleicht freudig davon.)*

Sechste Szene:
Zurück ins Schloss

Er
Voller Freude machte sich unser Glückskind auf den Rückweg zum Schloss.

Gl
Welch eine Freude, welch ein Glück! Nun muss mir der König die Prinzessin zur Frau geben. So will ich ganz schnell zum Schloss eilen. Der Fährmann muss mich übersetzen.
(er beobachtet ihn)

F *(rudert, spricht monoton)*
Hin und her, hin und her. Ewig fahr ich hin und her.

Gl
Guten Tag Fährmann. Fahr mich rüber. Ich komme zurück aus der Hölle.

F
Donnerwetter. Das hätte ich nicht gedacht. Hat der Teufel dir gesagt, wann ich abgelöst werde?

Gl
Setz mich erst über, dann sage ich es dir.

F *(setzt ihn über)*
Nun sag schon, wie lange muss ich noch rudern?

GRIMMS MÄRCHEN ... lesen, spielen, bearbeiten – Bestell-Nr. 12 022
KOHL VERLAG

Gl
Gib dem nächsten, der übersetzen will, das Ruder in die Hand. Dann muss der die Arbeit machen und du bist frei.

F
Ach, da bin ich aber froh. Glückskind, ich danke dir.

Gl
Alles Gute Fährmann! Leb wohl!
Nun geh ich zum Brunnen.
Guten Tag, alter Mann. Hör auf, Trübsal zu blasen, denn alles Leid hat ein Ende

Ma
Das kann ich nicht glauben.

Gl
Aber natürlich. Auf dem Grunde sitzt eine Kröte. Töte sie, dann gibt der Brunnen wieder Wein und Wasser. Das hat mir der Teufel gesagt.

Ma
Kaum zu glauben. Doch der Bursche hat die Hölle überlebt, dann wird es wohl auch stimmen, was er sagt.

Gl
Red nicht so viel, hol lieber eine Stange.

Ma
Ja, ja, ich eile.
(holt die Stange, stochert, schlägt die Kröte tot)

Gl
So, nun lass den Eimer runter.

Ma
Jetzt bin ich aber gespannt.
(kurbelt, zieht den gefüllten Eimer hoch, staunt)
Welch eine Freude! Klares, frisches Wasser.

Gl
Komm, wir laufen zum Apfelbaum. Er braucht dringend unsere Hilfe.

B *(spricht)*
Mir fehlt der Saft, mir fehlt die Kraft. Ich bin ganz schwach, steh schon ganz krumm.
Und hilft mir keiner, fall ich um.
Seht, das ist das letzte Blatt. Ach jetzt fällt es auch noch ab.

Fr
Der arme Apfelbaum. Ach, es ist zum Verzweifeln.
Nanu, das ist doch der waghalsige Bursche von damals. Ich dachte, dich hat der Teufel geholt.

Gl
Keine Sorge, mir kann niemand was Böses anhaben. Und ich weiß auch, wie wir den Baum retten können. Der Teufel hat es mir verraten.

Fr
Oje, oje, oje, oje! Das kann ich gar nicht glauben.

Gl
Gute Frau, was stehst du staunend hier herum? Nimm lieber einen Spaten und grab an der Wurzel. Da nagt eine Maus. Die musst du töten.

Fr
Mein Gott, dass ich da nicht selber drauf gekommen bin.
(sie gräbt und erschlägt die Maus)

B *(bewegt sich, spricht)*
Welch eine Freude, welch ein Glück! Meine Kräfte kehren zurück. Nun brauch ich Wasser, ihr müsst mich gießen. Dann werden schöne Äpfel sprießen.

Ma *(gießt)*

B *(spricht)*
(dreht sich, zeigt rote und goldene Äpfel)
Das Glück ist uns hold, die Früchte sind Gold.

Gl
Oh, so viele saftige Äpfel. Da werd ich gleich einen probieren.

B *(spricht, reicht einen Apfel)*
Bitte schön und guten Appetit. Und nimm dir auch einen goldenen Apfel für die Prinzessin.

Gl
Danke, lieber Apfelbaum. Jetzt muss ich aber schnell zum Schloss laufen.
Meine Prinzessin wartet schon. Auf Wiedersehen.

Ma
Hab Dank, liebes Glückskind. Lauf aber noch zur Stadtkasse. Da bekommst du einen Batzen Gold für deine Hilfe.

Gl
Wunderbar. Ich bin wirklich ein Glückspilz.

Er
Reich beschenkt und voller Freude machte sich der Bursche auf den Weg ins Schloss. Alle staunten, denn niemand hatte mehr mit ihm gerechnet.

Pr *(sitzt auf dem Thron und weint)*
Ach, wie bin ich unglücklich. Mein armer Geliebter, wir werden uns wohl niemals wiedersehen.

K
Kunigunde, hör auf zu weinen. Tröste dich mit Willibald.

Pr
Lass mich in Ruh, Vater. Du bist Schuld an meinem Unglück.

Gl
Aber Prinzessin, Ihr müsst doch nicht weinen. Ich habe doch versprochen, dass ich wiederkomme. Schau, ich habe dir einen goldenen Apfel mitgebracht.

GRIMMS MÄRCHEN ... lesen, spielen, bearbeiten – Bestell-Nr. 12 022
KOHL VERLAG

Pr
Oh, der ist aber schön! Danke. Wie freu ich mich, dass du da bist!

Gl
Und hier ist noch ein Batzen Gold.

K *(neugierig, staunt)*
Und hast du auch die drei goldenen Haare mitgebracht?

Gl
Aber natürlich. Bitte, Majestät. Hier sind sie.

K
Alle Achtung. Das hätt ich nicht gedacht! Sag mal: Da, wo du herkommst, scheint ja alles aus Gold zu sein.

Gl
Das stimmt. Dort gibt es Gold wie Sand am Meer.

K
Und ich könnte mir auch davon holen?

Gl
Aber natürlich. Soviel ihr wollt, Majestät.

K
Dann sag mir den Weg dorthin.

Gl
Versprecht mir erst eure Tochter.

K
Nun gut, ich gebe dir die Prinzessin zur Frau.

Pr
Hurra! Bald sind wir ein Paar.

K
Nun beschreib mir den Weg.

Gl
Geht immer gerade aus. Dann kommt ihr an ein großes Wasser. Der Fährmann setzt euch über. Dann seid ihr am Ziel.

K
Wunderbar. Dann will ich mich gleich auf den Weg machen.

Pr
Oje, oje! Was hab ich für einen habgierigen Vater.

Er
Der König kam nie wieder zurück. Der Fährmann gab ihm das Ruder in die Hand, ward frei, und der König rudert noch heute hin und her – als Strafe für seine Sünden. Im Schloss aber wurde Hochzeit gefeiert.

6 Der Teufel mit den drei goldenen Haaren

EA **Aufgabe 1:** *Präge dir folgende Märchenmerkmale ein. (Nicht alle müssen zutreffen.)*

a) Es geschehen wundersame, phantastische Dinge, die es in Wirklichkeit nicht gibt.

b) In den Märchen handeln die Guten und die Bösen.

c) Die Guten werden belohnt, die Bösewichte bestraft.

d) Am Anfang der Märchen sind die Angaben zu Ort und Zeit der Handlung entweder sehr allgemein oder fehlen ganz und gar.

e) Tiere, Pflanzen oder Dinge haben menschliche Eigenschaften.

f) Märchen haben ein glückliches Ende.

EA **Aufgabe 2:** *Für das Märchenspiel „Der Teufel mit den drei goldenen Haaren“ treffen alle sechs Märchenelemente zu. Formuliere den Beweis dafür mit je ein bis zwei Sätzen.*

a) ____________________

____

b) ____________________

____

c) ____________________

____

d) ____________________

____

e) ____________________

____

f) ____________________

____

richtig: Sätze ____________________

falsch: Sätze ____________________

KOHL VERLAG
GRIMMS MÄRCHEN ... lesen, spielen, bearbeiten – Bestell-Nr. 12 022

EA

Aufgabe 3: *Die meisten Märchen der Brüder Grimm beginnen mit dem Satz: „Es war einmal“. Wie du in der Tabelle siehst, gibt es auch noch andere Märchenanfänge.*
Suche in den „Kinder-und Hausmärchen“ der Brüder Grimm Beispiele und trage sie in die Tabelle ein.

a)

Märchenanfänge: allgemein	Märchentitel
Es war einmal ein armes, braves Mädchen.	„Der süße Brei“
Es war einmal ...	
Es war einmal ...	
Es war einmal ...	
Es war einmal ...	
Es war einmal ...	
Vor Zeiten war ein Schneider.	„Tischlein deck dich“
Vor Zeiten ...	
Vor Zeiten ...	
Es ist schon lange her.	„Die weiße Schlange“
Es ist schon lange her.	
Vor vielen Jahren ...	

b) *Ergänze.*

Märchenanfänge ohne Zeit- und Ortsangabe	Märchentitel
Eine Witwe hatte zwei Töchter.	„Frau Holle“
Ein König hatte eine Tochter.	„König Drosselbart“

Der Teufel mit den drei goldenen Haaren

EA

Aufgabe 4: *Lies die erste Szene (still oder mit verteilten Rollen).*
Die Geschichte beginnt mit einer Sensation. Hätte es damals schon Zeitungen gegeben, was würdest du als Reporter schreiben?
Denke dir einen kleinen Zeitungsbericht mit einer passenden Überschrift aus.

Aufgabe 5: **a)** *Lies folgende Stichpunkte, finde die richtigen Aufenthaltsorte des Müllerburschen und unterstreiche sie.*

Beim Tischler / in einer Großstadt / beim Müller / in einer versunkenen Stadt / beim Schneider / in der „toten Stadt" / im Königsschloss / im Himmel / auf einer Burg / in der Hölle / bei einem Grafen / bei einer Diebesbande / bei den Landstreichern / bei zwei Räubern / bei den Waldarbeitern / beim Fährmann / beim Fischer / an einem Wasserfall / an einem Brunnen / an einer Linde / an einem Apfelbaum

b) *Schreibe nun die Stichpunkte seines Hin- und Rückwegs zum Schloss in der richtigen Reihenfolge auf.*

GRIMMS MÄRCHEN ... lesen, spielen, bearbeiten – Bestell-Nr. 12 022
KOHL VERLAG

6 Der Teufel mit den drei goldenen Haaren

EA

Aufgabe 6: *Lies die zweite Szene. Achte besonders auf den Monolog (Selbstgespräch) des Königs, und beantworte folgende Frage:*
Warum ist der König schlimmer als der Teufel? Begründe deine Meinung.

Aufgabe 7: *In schwierigen Situationen hat das Glückskind freundliche Helfer in der Not. Fülle dazu die Tabelle aus.*

Helfer	Ihre guten Taten

Aufgabe 8: *Stell dir vor:*
Die Großmutter hat es satt, dem ungehobelten Teufel länger zu dienen. Auch die drei kleinen Teufelchen fühlen sich in der Hölle nicht mehr wohl. Sie haben Angst vor dem Teufel und sind neugierig auf die Welt der Menschen. Deshalb fliehen sie aus der Hölle.
Denke dir eine kleine Geschichte mit folgender Überschrift aus:

„Drei kleine Teufelchen und die Großmutter auf der Suche nach dem weltlichen Glück"

7 Lösungen

1 Dornröschen

Aufgabe 2: "Im richtigen Liedtext ist die Fee böse und nicht gut."

Aufgabe 4: Es fehlen:
die Geburtstagsfeier, der Auftritt der guten Feen, Dornröschen beim Spinnen, der Fluch der bösen Fee, die lebende Hecke, Dornröschens Erlösung (Kuss)

Aufgabe 5: Vergleich Personen im Märchenbuch der Brüder Grimm:
Dornröschen, König, Königin, Prinz, 13 weise Frauen, Frosch, altes Mütterchen am Spinnrad, alter Mann zusätzliche Figuren im Märchenspiel: 6 gute Feen, die 7. (böse) Fee, Ausrufer, Zofe Minna, Hofkätzchen

Aufgabe 6: Individuelle Antworten

Aufgabe 7:

Feen	Geschenke
1. Fee	Haarspange
2. Fee	goldene Kette
3. Fee	kostbare Brosche
4. Fee	goldener Ring
5. Fee	goldenes Armband
6. Fee	nichts
7. Fee	Spindel, sie verflucht Dornröschen

Aufgabe 8: Individuelle Auswahl

Aufgabe 9: Der Fluch der bösen Fee: „Verflucht sei dieses Königshaus ..."
„Ich bin die böse Fee und schenke dir eine Spindel. Daran sollst du dich an deinem 15. Geburtstag stechen und tot umfallen."

Aufgabe 10: Beispiel

Kleidung	für alle 6 guten Feen	für jede einzelne gute Fee
Kopfbedeckung	Blumenkranz	verschiedenfarbig
Kleid	langes Kleid mit Schleifenband	in verschiedenen Pastelltönen
Strümpfe	Ballettschuhe	farblich zum Kleid passend
Schuhe	Seidenstrümpfe	farblich zum Kleid passend

Aufgabe 11: Individuelle Zeichnungen

Aufgabe 12: mögliche Beschreibung:
Die böse Fee trägt ein langes schwarzes Kleid. Das Oberteil ist vorne goldbestickt. Auf ihren Schultern liegt ein großer schwarzer Umhang. Die Kopfbedeckung ist ein spitzer schwarzer Hut. Ihre Absatzschuhe sind ebenfalls schwarz. Sie ist reichlich mit Schmuck behängt.

Aufgabe 14: mögliche Beschreibung:
Die Schauspieler einer „lebenden Hecke" könnten mit echten Tannenzweigen umhängt sein. An den Zweigen könnte man gebastelte Papierrosen befestigen. Auf dem Kopf würde ich einen Hut tragen, an dem ebenfalls ein Tannenzweig mit einer großen Rose angenäht ist.

Aufgabe 15: Spielanweisungen für eine gelungene Aufführung:
langsam, laut und deutlich sprechen, Mimik und Gestik/Körpersprache dem Geschehen anpassen, so spielen, als würde es mir selbst in diesem Moment so passieren/mich in meine Rolle hineinversetzen

7 Lösungen

1 Dornröschen

Aufgabe 16: mögliche Überschriften:
1. Szene: Die Vorbereitungen zum Fest,
2.Szene: Die Geburtstagsfeier oder Der ungebetene Gast,
3.Szene: Dornröschen beim Spinnen/am Spinnrad,
4. Szene: Dornröschens Erlösung

Aufgabe 17:

Die Geburtstagsfeier		
Gastgeber	**geladene Gäste**	**ungeladener Gast**
König, Königin	adlige Herrschaften, 6 gute Feen	die 7. (böse) Fee

Aufgabe 18: Märchentante und Hofkätzchen treten als Erzähler auf. Das Kätzchen beurteilt die Situation.

2 Rotkäppchen

Aufgabe 1: Beispiel:
Kopf – rotes Käppchen, Oberkörper – weiße Bluse, schwarzes Mieder,
Unterkörper – roter Rock, weiße Schürze, Beine – weiße Kniestrümpfe,
Füße – schwarze Halbschuhe / Lackschuhe

Aufgabe 2:
Ro: „Aber Großmutter, was hast du bloß für große Ohren?“
W: „Damit ich dich besser hören kann.“
W: „Damit ich dich besser sehen kann.“
Ro: „Aber Großmutter, was hast du nur für große Hände?“
Ro: „Großmutter, was hast du für ein entsetzlich großes Maul?“

Aufgabe 3: Rotkäppchen lebt mit ihrer(m) ~~Vater~~ Mutter allein am Waldesrand. Eines Tages macht sie sich allein auf den Weg zur kranken ~~Tante~~ Großmutter, um ihr Kuchen und Wein zu bringen. Unterwegs trifft sie den ~~Igel~~ Wolf, der sie vom Wege abbringt. Während Rotkäppchen ~~Beeren sucht~~ Blumen pflückt, frisst der Wolf zuerst ~~das Rotkäppchen~~ die Großmutter und dann ~~die Großmutter~~ das Rotkäppchen. Doch der ~~Förster~~ Jäger rettet beide.

Aufgabe 4:

a) Rotkäppchens Vater ist als Waldarbeiter beim Holzfällen verunglückt und gestorben.

b) Er bringt die Nachricht von der kranken Großmutter. Der Holzfäller war ein Arbeitskollege und guter Freund des Vaters. Er war bestimmt schon oft im Hause der Familie und mag Rotkäppchen und vor allem die Mutter sehr gut leiden.

c) Mu: „Geh recht sittsam, und lauf nicht vom Wege ab, ... Und wenn du in Großmutters Stube kommst, vergiss nicht, „Guten Tag“ zu sagen, und guck nicht erst in allen Ecken herum!“

d) Der Igel erinnert sie mit folgenden Worten: „Auf Wiedersehen. Und geh nicht vom Wege ab.“

7 Lösungen

2 Rotkäppchen

Aufgabe 5:

Der Wolf		
seine Worte	**seine Gedanken**	**seine Taten**
freundlich	böse, plant einen zweifachen Mord	Er setzt seine bösen Gedanken in die Tat um und frisst die Großmutter und Rotkäppchen

Aufgabe 6: Der Märchenwolf kann **sprechen, denken, handeln** wie ein Mensch.

Aufgabe 7: sprechende Tiere:
„Aschenputtel" – die Täubchen, „Tischlein deck dich" – die boshafte Ziege,
„Brüderchen und Schwesterchen" – das Reh,
„Die Bremer Stadtmusikanten" – der Hund, die Katze, der Esel, der Hahn

Aufgabe 8: Vorschlag für eine mögliche Begründung:
Die Mutter kennt die Gefahren, die im Walde lauern. Sie weiß, dass dort gefährliche, wilde Tiere leben. Sie hätte das Kind darüber aufklären und sie nicht alleine gehen lassen sollen. Der Jäger hat recht mit seiner Kritik am Verhalten der Mutter.

3 Frau Holle

Aufgabe 1:

b) Hahn und Kätzchen unterhalten sich über das schwere Leben der fleißigen Marie im Hause der strengen Stiefmutter.

c) Vorschlag für die fortgeführten Gedanken des Hahns: „Weglaufen kann nicht die Lösung sein. Da habe ich große Bedenken. Wo soll die Marie denn hinlaufen? Wer soll ihr denn Essen und ein Nachtlager geben? So leid es mir tut, liebes Kätzchen, Marie sollte doch lieber bei der Stiefmutter bleiben. Da muss sie wenigstens nicht verhungern. Kikeriki, die arme Marie."

Aufgabe 2: Im Hause der Frau Holle herrscht ein freundlicher Umgangston. Marie wird bei der Arbeit nicht beschimpft, sondern für ihren Fleiß gelobt. Außerdem hilft man sich gegenseitig, und Marie hat Freunde gefunden. Es wird auch mal Pause und ein Späßchen gemacht.

Aufgabe 3: Im Hause der Frau Holle teilt man sich die Arbeit folgendermaßen:
Frau Holle erklärt und leitet die Arbeit an. Marie schüttelt fleißig die Betten. Mit einem Lied lockt sie die Sonne herbei. Außerdem schlägt sie kräftig Schaum und wäscht ein schmutziges Bett. Der Schneemann hilft ihr beim Waschen, beim Schaumschlagen und beim Schütteln der Betten.

Aufgabe 4: Vorschlag für eine mögliche Antwort:
Es ist schön, wenn man ab und zu ein bisschen verwöhnt wird. Wenn man aber gar keine Pflichten hat, kann man auch nicht beweisen, was man alles gelernt hat. Und das ist langweilig. Ich möchte keine Mutter, die mich verhätschelt.

Aufgabe 5: bei der Stiefmutter: Stube fegen, Wasser holen, Frühstück bereiten, Tisch decken, am Brunnen spinnen ...
auf der Blumenwiese: die Brote aus dem Ofen ziehen, Äpfel schütteln
bei Frau Holle: Betten schütteln, waschen, bleichen, Schaum schlagen

3 Frau Holle

Aufgabe 6: individuelle Antworten

Aufgabe 7: individuelle Antworten

Aufgabe 8: Begründung der Frau Holle: „Du bist zu klein und nicht kräftig genug. Du hast die Brote nicht aus dem Backofen gezogen, du hast die Äpfel nicht geschüttelt, und spinnen wolltest du auch nicht."

Aufgabe 9: **b)** gesuchte Textstelle (3. Szene) GM:
„Der Hahn auf dem Hof und das Kätzchen gehen mir nicht aus dem Sinn. Die Mutter, die Schwester, die Bösen, vergessen kann ich sie nicht. Mein Herz ist zu Hause geblieben. Es ruft, komm wieder zurück."

c) Marie hat Heimweh und möchte wieder nach Hause in ihre vertraute Umgebung.

Aufgabe 10: **Goldmarie**: bescheiden, tierlieb, freundlich, fröhlich, dankbar, geschickt, pflichtbewusst, höflich, folgsam, fleißig, arbeitsam;
Pechmarie: unzufrieden, patzig, garstig, launisch, bequem, unfreundlich, dumm, faul, verwöhnt, frech, schlechte Manieren, verhätschelt, uneinsichtig

Aufgabe 11: „Gewaschen habe ich noch nie, das hat sonst immer die Marie gemacht.",
„Aber erst muss ich essen, ich habe großen Hunger.",
„Ach, es kann ja wohl nicht schaden, wenn ich mich erst ein wenig ausruhe."

4 Rapunzel

Aufgabe 1: Erzählungen individuell verschieden. Vorschlag:
Ein altes Mütterchen stiehlt den Nachbarsleuten ihr kleines Kind namens Rapunzel.

Aufgabe 2: Vermutungen individuell verschieden

Aufgabe 3: Schülerideen individuell verschieden

Aufgabe 4: Folgende Sätze benennen keine typischen Märchenmerkmale:
Satz **a)**, Satz **b)**, Satz **d)**;
Satz **d)** muss heißen: Es werden phantastische Geschichten aus vergangener Zeit erzählt.

Aufgabe 5:

Spruch	Märchen	Sprecher
a)	„Schneewittchen"	Königin
b)	„Aschenputtel"	Aschenputtel
c)	„Der Wolf und die sieben Geißlein"	Wolf, Mutter
d)	„Frau Holle"	Apfelbaum
e)	„Tischlein deck dich"	die boshafte Ziege
f)	„Rumpelstielzchen"	Rumpelstielzchen

4 Rapunzel

Aufgabe 6: **a)** Vorschlag: langsam, laut und deutlich sprechen, sich den Zuschauern immer von vorne zeigen oder seitlich, möglichst dicht an den vorderen Bühnenrand gehen, bei Monologen ins Publikum schauen
Ratschlag zum Üben: Wenn du in deinem Zimmer deine Rolle laut sprechen übst und die Mutter versteht dich in der Küche, hast du laut genug gesprochen. Öffne den Mund beim Sprechen der Selbstlaute (a e i o u) und sprich sie langgezogen.

b) die Rolle nicht nur sprechen, sondern auch spielen, so wie die Situation es verlangt, mit dem ganzen Körper Gefühle ausdrücken (Freude, Trauer, Erstaunen, Stolz, Zorn, Angst, Verzweiflung, Wut, Begeisterung) durch Gestik und Mimik, nicht steif herumstehen, Wenn du Pause hast, aufmerksam deine Mitspieler beobachten und sie nicht stören.

5 Brüderchen und Schwesterchen

Aufgabe 1: Wäsche waschen, Wäsche bügeln, Wäsche legen, Fußboden fegen, Fußboden schrubben, Wasser holen, Holz holen und heizen

Aufgabe 2: Das Sprichwort „Undank ist der Welten Lohn" trifft auf die undankbare Stiefmutter und deren hässliche Tochter zu. Beide sind bequem, faul und lassen ihre Stiefkinder für sich arbeiten. Als Lohn für ihren Fleiß ernten Brüderchen und Schwesterchen nur böse Worte und Prügel.

Aufgabe 3: individuell verschieden

Aufgabe 4: **richtig:** Sätze a, b, d, e, f und j; **falsch:** Sätze c, g, h, i

Aufgabe 5: Vorschlag: z. B. Schwesterchen und das Reh leben ganz allein im Wald bis zur Jagd geblasen wird. Da beobachtet der König das schöne Mädchen, verliebt sich und nimmt es mit auf sein Schloss. Bald darauf bringt die junge Königin einen Knaben zur Welt. Voller Neid erfahren die Stiefmutter und deren Tochter von dem jungen Glück. Mit List gelangen sie ins Schloss und versuchen, die kranke Königin zu töten. Es dauert lange, bis der König den Schwindel bemerkt. Die böse Stiefmutter und ihre hässliche Tochter werden hart bestraft. Schwesterchen erholt sich wieder, und das Reh bekommt seine menschliche Gestalt zurück. So nimmt alles ein gutes Ende.

Aufgabe 6: Märchen und ihre Städte:
Rotkäppchen: Alsfeld, Knüllwald, Schrecksbach, Schwalmstadt, Willingshausen;
Rapunzel: Trendelburg
Frau Holle: Bad Sooden, Allendorf, Hessisch Lichtenau;
Dornröschen: Sababurg
Hase und Igel: Buxtehude;
Die Bremer Stadtmusikanten: Bremen;
König Drosselbart: Niedenstein;
Schneewittchen: Bad Wildungen

Aufgabe 7: **a)** Hanau, Marburg, Kassel; b) Die Brüder Grimm wurden vor über 200 Jahren in Hanau geboren. Jedes Jahr fanden dort Märchenspiele statt. In Marburg haben sie die deutsche Sprache studiert und viele Sagen und Märchen erforscht. Die Hauptstadt der Märchenstraße ist Kassel. Hier sammelten die Brüder Grimm ihre berühmten „Kinder- und Hausmärchen".

Aufgabe 8: **a)** ... Rosenrot, **b) ...** Schwesterchen, **c)** ... sieben Geißlein, **d)** ... den drei goldenen Haaren, **e)** ... Stadtmusikanten, **f)** ... die sieben Zwerge. **g)** ... Gretel. **h)** ... Schneiderlein. **i)** ... Glück. **j)** ... Knüppel aus dem Sack. **k)** ... Brei.

6 Der Teufel mit den drei goldenen Haaren

Aufgabe 2:

a) Es gibt keine Hölle und auch keinen Teufel. Deshalb kann auch kein Mensch aus der Hölle zurückkommen.

b) Glückskind, der Müllerbursche ist der gute Held. Der König und der Teufel sind die Bösewichte.

c) Der Müllerbursche bekommt seine Prinzessin. Der goldgierige König kommt in die Hölle, und der Teufel verliert seine drei goldenen Haare.

d) Die Geschichte beginnt an irgendeinem Fluss bei irgendeinem Müller.

e) Der Apfelbaum (6. Szene) kann sprechen, handeln und sich freuen wie ein Mensch.

f) Der letzte Satz lautet: „Im Schloss aber wurde Hochzeit gefeiert."

Aufgabe 3: Die Lösungen sind individuell verschieden. Vorschläge:

a) Erstaunlich ist, dass in den „Kinder-und Hausmärchen" der Brüder Grimm (Kinderbuch-Verlag Berlin, 1996) kein einziges Märchen mit „Vor vielen Jahren" beginnt. Die Schüler können auf Spurensuche gehen.

b) individuelle Antworten

Aufgabe 4: Zum Beispiel:
„Findelkind gerettet": Wie durch ein Wunder wurde gestern ein kleines Findelkind vor dem Ertrinken gerettet. Es lag ganz nackt in einem Weidenkorb, der schwamm auf dem Fluss der nahegelegenen Mühle. Zum Glück war der Müller rechtzeitig zur Stelle und fischte den Kleinen aus dem Wasser. Kaum zu glauben, dass der Knabe nicht erfroren ist. Nun lacht er schon wieder vor Freude und strampelt lustig mit den Beinen. Die Müllersleute sind überglücklich, denn nun hat der Herrgott ihnen ein Kind geschenkt.

Aufgabe 5:

a) beim Müller, in der „toten Stadt", im Königsschloss, in der Hölle, bei zwei Räubern, beim Fährmann, an einem Brunnen, an einem Apfelbaum, im Königsschloss

b) beim Müller, bei zwei Räubern, im Königsschloss, in der „toten Stadt", am Brunnen, am Apfelbaum, beim Fährmann, in der Hölle, beim Teufel, beim Fährmann, am Brunnen, am Apfelbaum, im Königsschloss

Aufgabe 6: Vorschlag:
Beim Teufel weiß man, dass er böse ist. Man muss ihm nicht begegnen.
Der König aber ist hinterhältig und will den Müllerburschen dreimal auf heimtückische Weise in den Tod schicken.

Aufgabe 7:

Helfer	Ihre guten Taten
Die Müllersleute	Sie retten das Glückskind vor dem Ertrinken, ziehen es wie ihr eigenes Kind groß und lassen es sogar einen guten Beruf lernen.
Die zwei Räuber	Sie töten ihn nicht und verändern den todbringenden Brief.
Die Großmutter	Sie verschafft ihm die drei goldenen Haare.
Die drei kleinen Teufelchen	Sie lenken den Teufel von seiner Mordtat ab.

Aufgabe 8: Zum Beispiel:
Großmutter und die Teufel finden Aufnahme bei einem Wanderzirkus. Die Großmutter macht sich in der Küche nützlich, und die Teufelchen erfreuen die Zuschauer durch lustige Auftritte. Panik bricht aus, als man bemerkt, dass es echte Teufelchen sind. Doch am Ende wird alles gut. Als die Großmutter stirbt, werden die Teufelchen von einer Familie freundlich aufgenommen.

Bildquellennachweis

Seite 4: © Angelaravaioli - Fotolia.com;
Seite 18: © Angelaravaioli - Fotolia.com;
Seite 33: © Angelaravaioli - Fotolia.com;
Seite 50: © Angelaravaioli - Fotolia.com;
Seite 107: © Trueffelpix - Fotolia.com;
Seite 109: © svort - Fotolia.com

Klasse 5 6 7 8 9 10 11-13

Deutsch

M. Ries, S. Hauke, B. Brandenburg & Autorenteam Kohl-Verlag

Wochenplan Märchen, Fabeln, Sagen

Jede Woche in fünf Einheiten

Jeder Wochenplan ist in drei Niveaustufen ausgearbeitet. So arbeiten alle Schüler differenziert an einem Lernthema, und das jeweils entsprechend ihrem Leistungsvermögen.

je 64 Seiten

Märchen	Buch	11 656	16,80 €
	PDF	P11 656	13,49 €
Fabeln	Buch	11 792	17,80 €
	PDF	P11 792	14,49 €
Sagen	Buch	11 657	17,80 €
	PDF	P11 657	14,49 €

PDF-Schullizenz (je Band) 54,- / 58,- €

Klasse: 5 6

Dr. Elisabeth Höhn

Fit in Deutsch – Literaturgattungen

Lebendige Beispiele für den Unterricht

Wer die literarischen Formen kennt, hat mehr vom Lesen. Zahlre Abbildungen und Beispiele verdeutlichen den Unterrichtsstoff. Ende der Anekdoten, Fabeln, Novellen, Parabeln, Balladen, K geschichten, Satiren, Dramen, Sketche und Gedichte befinden Kurzbiographien der bekanntesten Dichter und Schriftsteller.

128 Seiten

Buch	11 488	21,80 €
PDF	P11 488	17,49 €

PDF-Schullizenz 70,- €

BF

Friedhelm Heitmann

LWST Märchen, Fabeln & Sagen

*Die Arbeitsblätter inspirieren zum **kreativen Schreiben** und zum Umgang mit **Fantasie.** Die einzelnen Aufgaben gehen neben den verkürzten Inhalten der Märchen, Fabeln & Sagen auch auf **Textverständnis** und **Sinn** ein. Zusätzlich lockern **Spiele** den Unterricht auf. **Ein abschließender Wissenstest reflektiert und festigt das Gelernte!***

68 Seiten

Buch	10 857	16,80 €
PDF	P10 857	13,49 €

PDF-Schullizenz 54,- €

Klasse: 5 6 7

Ulrike Stolz

Grimms Hörwerkstatt

Die *etwas andere* Märchenkiste

Eine Hörwerkstatt mit erzählten, gelesenen oder gespielten M chen, die zusätzlich Arbeitsblätter und Ideen zur Umsetzung ent Es wird gehört, verstanden, gelesen, gebastelt, gemalt, erzählt, sprochen, formuliert ... So bekommen Grimms Märchen ganz sch frischen Schwung!

56 Seiten

Buch	11 443	21,80 €
PDF	P11 443	17,49 €

PDF-Schullizenz 70,- €

Waltraud Rasch

Grimms Märchen ... lesen, spielen, bearbeiten

Je 6 Märchen in Szenen, als Lesegeschichten oder als Theaterstücke. Zur Differenzierung gibt es je zwei Märchen in drei Niveaustufen. Eine Lehrerseite liefert mit meth.-didakt. Hinweisen zu Spielszenen, Requisiten und Bühnenbild und Schauspieleranzahl für die Aufführung konkrete Umsetzungsideen. Arbeitsblätter bieten Verwendung der Märchen auch als einfache Einheit im Unterricht.

Band 1: Dornröschen, Rotkäppchen, Frau Holle, Rapunzel, Brüderchen und Schwesterchen, Der Teufel mit den drei goldenen Haaren

Band 2: Hänsel und Gretel, Der Wolf und die 7 Geislein, Schneewittchen, Schneeweißchen und Rosenrot, Rumpelstilzchen, Tischlein deck dich

FÖ INK

je 120 Seiten

Band 1	Buch	12 022	22,80 €	PDF	P12 022	18,49 €
Band 2	Buch	12 127	22,80 €	PDF	P12 127	18,49 €

PDF-Schullizenz (je Band) 74,- €

Klasse: 5 6 7

Gary M. Forester

Märchen- & Fabelstunde

12 bekannte Märchen & Fabeln als Legematerial

Mit motivierenden Bildern und den dazugehörigen Texten werc in diesem Band zwölf bekannte Märchen bzw. Fabeln in zwei S nen gelegt. Eine motivierende und lehrreiche Entführung in e märchen- & fabelhafte Welt!

*je 40 Seiten, **FARBIG***

Märchen	Buch	15 011	21,80 €
	PDF	P15 011	17,49 €
Fabeln	Buch	15 018	21,80 €
	PDF	P15 018	17,49 €

PDF-Schullizenz 70,- €

Hans-Peter Tiemann

Die Erbse auf der Prinzessin

Andersens Märchen kreativ erschließen

Andersens Märchen als moderne Beziehungsgeschichten, in de uns Blender und Betrüger, Wahrheit und Zivilcourage begegnen. wird unbändige Märchenleselust durch tolle Schreib- und Gestaltu ideen entfesselt!

48 Seiten

Buch	10 991	13,80 €
PDF	P10 991	10,99 €

PDF-Schullizenz 44,- €

BF

Hörverstehen

Ohren auf! Hörverstehen trainieren

*„Ohren auf!" ... **denn Hören und Zuhören sind Grundvoraussetzungen fürs Lernen!** Die Kinder lernen durch den Einsatz der Audiofiles aktives Hören. So werden das Verstehen fremder Texte von unterschiedlichen Sprechern und das Achten auf verschiedene Geräusche auf vielfältige Art und Weise geübt. Die Materialien sind durchgängig einfach strukturiert und kindgerecht gestaltet, die Aufgaben klar und einfach formuliert.*

je 72 Seiten

Klasse			
5/6	Buch	11 165	24,80 €
7-9	Buch	11 165	24,80 €

FÖ

Klasse: 5 6 7 8 9

Birgit Brandenburg

Kurze Kunstraubkrimis

... von Mona Lisa bis Andy Warhol

Kunstgegenstände werden aus Geldgier, Betrug oder als Druckm für Erpressungen gestohlen. Mit den ansprechenden Kurzprojekten nen die Schüler Kunstwerke bestimmter Künstler und Stilrichtungen zuordnen, Kurzbiographien und Eigenarten kennen. Ein spannend fächerübergreifendes Thema.

48 Seiten

Buch	11 640	14,80 €
PDF	P11 640	11,99 €

PDF-Schullizenz 48,- €

Hör mal! Hörverstehen trainieren

Das Hörverstehen wird am Beispiel realitätsnaher Situationen trainiert: Die Kinder hören Informationssendungen, Reportagen, Interviews, Lieder, literarische Texte ... sie nehmen an Gesprächen und Diskussionen teil und sie lösen Aufgaben zu den vielfältigen Tondokumenten. Sie verschaffen sich dabei allgemeine Informationen über ein Thema (globales Hören), filtern Wichtiges aus Unwichtigem heraus (selektives Hören) und handeln und reagieren auf gehörte Anweisungen (detailliertes und geführtes Hören). Die Kopiervorlagen weisen unterschiedliche Schwierigkeitsgrade auf und erfordern verschiedene Sozialformen.

96/100 Seiten

Klasse			
5/6	Buch	11 350	28,80 €
7-9	Buch	11 351	29,80 €

FÖ

Klasse: 5 6 7 8 9

Michael Junga

Hörverstehen

Kompetenzen fördern mit Bingos

Mit „Hörverstehen – Kompetenzen fördern mit Bingos" den auditive und visuelle Wahrnehmung gleicherma geschult sowie Denk- und Kombinationsfähigkeit geförc Anhand von großen Spielvorlagen ordnen die Spieler A dungen und gehörte Textimpulse einander zu. Dabei eig sich das Spiel dank des Maxiformats und teilweise o Textanteile auch für ganz junge Lerner oder Menschen mit eingeschränkter Sehfähigkeit. Jeder Band jeweils zwei Mal 12 verschiedene BINGO-Legepläne sowie die passende BINGO-Kartenvorlage.

je 32 Seiten

Klasse 5	Buch	12 085	13,80 €	PDF	P12 085	10,99 €
Klasse 6	Buch	12 086	13,80 €	PDF	P12 086	10,99 €

PDF-Schullizenz (je Band) 44,- €